Spiridion Wukadinovic

Kleist-Studien

Verlag
der
Wissenschaften

Spiridion Wukadinovic

Kleist-Studien

ISBN/EAN: 9783957005120

Auflage: 1

Erscheinungsjahr: 2015

Erscheinungsort: Norderstedt, Deutschland

Hergestellt in Europa, USA, Kanada, Australien, Japan
Verlag der Wissenschaften in Hansebooks GmbH, Norderstedt

Cover: Sandro Botticelli "Die Verleumdung des Apelles" (1495)

Kleist-Studien

Von

Spiridion Wukadinović

Stuttgart und Berlin 1904
J. G. Cotta'sche Buchhandlung Nachfolger
G. m. b. H.

Bernhard Seuffert

in dankbarer Verehrung

zugeeignet

Vorwort

Von den hier gesammelten Aufsätzen über Hein=
rich v. Kleist ist der erste eine Zusammenfassung
zweier früherer Arbeiten (Allgemeine Zeitung 1898,
Beilage 145 und Gegenwart 1899, Nr. 28); der
vierte, über das Käthchen, ist bereits 1895 im zweiten
Ergänzungsheft des „Euphorion" erschienen und nur
wenig überarbeitet. Die übrigen sind hier zum
ersten Male gedruckt.

Jene Aufsätze, die der Kleistforschung neues
Material zuführen, bedürfen wohl keines Geleit=
worts, das ihre Berechtigung erst erweisen müßte.
Anders steht es mit der Studie „Guiskards Tod",
die einiges über die mutmaßliche Fortsetzung des
Fragments zu ergründen versucht. Da sie natur=
gemäß mit Hypothesen arbeitet, muß ich auf manchen
Widerspruch gefaßt sein. Man wird vielleicht auch
meinen, daß der aufgewandte Apparat dem verhält=
nismäßig kleinen Ergebnis nicht entspreche. Solchen
Einwendungen gegenüber betone ich, daß ich das
Hauptgewicht in dieser Arbeit nicht so sehr auf das

Resultat, als vielmehr auf die Methode lege, die meines Wissens hier zum ersten Male für die Behandlung einer fragmentarischen Dichtung angewendet wird. Wenn sie andere einen Schritt weiter führen oder an einem anderen Werk sich bewähren wird, hat mein Aufsatz in meinen Augen auch dann seinen Zweck erfüllt, wenn die fachmännische Kritik mit seinen Ergebnissen nicht in allem übereinstimmen sollte. —

Besonderen Dank schulde ich dem Manne, dessen Namen ich auf die erste Seite meines Buches geschrieben: dem verehrten Lehrer, dessen vielseitige Anregungen es durchziehen, wie auch dem selbstlosen Freunde, der er mir im Lauf der Jahre geworden ist, und dessen Teilnahme und Wohlwollen ich auch ferner nicht missen möchte. Neben ihm hat mich vor allen Herr Prof. August Sauer durch gütige Förderung zu lebhaftem Dank verpflichtet. Für Beweise freundlichen Interesses danke ich den Herren Prof. Erich Schmidt und Prof. Richard M. Meyer in Berlin.

Prag, im März 1904.

S. W.

Inhalt

Zwei Jugendlustspiele?

I

Als vor einiger Zeit[1] die Nachricht durch alle
Blätter ging, dem Professor der deutschen
Literatur in Kiel, Eugen Wolff, sei es gelungen, zwei bisher unbekannte Jugendlustspiele Heinrich v. Kleists aufzufinden, mochte man glauben, daß
es sich um einen handschriftlichen Fund von unzweifel-
hafter Echtheit handle. Man wunderte sich vielleicht,
daß zwei Stücke Kleists so lange Zeit ganz verschollen
gewesen sein konnten, daß in allen seinen Briefen, in
den vielen Zeugnissen anderer über sein Leben gar nie
die Rede von ihnen gewesen sein sollte —, aber man
nahm schließlich doch eine so apodiktisch gebrachte Nachricht gläubig, wenn auch mit einem begreiflichen Maß
von Neugierde entgegen. Diese Neugier ist nun
gestillt. Wolff hat zuerst im „Berliner Tageblatt"
vorläufige Mitteilungen über die beiden Stücke gebracht, die bereits das Wesentlichste enthalten, und
jetzt sind auch die Stücke selbst erschienen[2], begleitet
von einer abschließenden Einleitung des Herausgebers.

---

[1] Geschrieben 1898.

[2] Zwei Jugendlustspiele von Heinrich v. Kleist.
Herausgegeben von Eugen Wolff. Oldenburg, Schulzesche
Hofbuchhandlung.

Nun stellt sich der Sachverhalt aber ganz anders dar. Wolff war durch verschiedene dunkle Andeutungen Kleists über seine literarische Tätigkeit zu dem Schlusse gelangt, daß noch vor der „Familie Schroffenstein“, im Jahre 1802, Lustspiele Kleists im Verlage Geßners zu Bern und Zürich erschienen sein müssen. Er suchte, fand richtig laut Ausweis des Leipziger Meßkatalogs, daß Geßner in diesem Jahr ein anonymes Werkchen, „Lustspiele“ betitelt, verlegt hatte, und vermutete, daß dies die von ihm gesuchten Kleistschen Lustspiele seien. Nach einigem Suchen wußte er sie sich zu verschaffen, und siehe da — seine Vermutung ward ihm zur Gewißheit, denn zu den äußeren Gründen gesellten sich auch innere, die ihm die gefundenen Stücke unzweifelhaft als Kleists geistiges Eigentum erscheinen ließen.

Diese näheren Begleitumstände stellen den Fund Wolffs in ein wesentlich anderes Licht. Ein solcher Fund würde allerdings, wenn er sich als unzweifelhaft herausstellt, dem Entdecker alle Ehre machen, denn neben dem glücklichen Zufall, dem Vater aller Entdeckungen und auch aller literarischen Ausgrabungen, hätte der Scharfsinn und die Kombinationsgabe des Herausgebers hervorragenden Anteil an der Auffindung der beiden Stücke. Der Literarhistorie wird seit jeher gern Mangel an Exaktheit vorgeworfen, und besonders die Vertreter der „exakten“ Wissenschaften pflegen sie über die Achsel anzusehen. Die Tat eines Leverrier, der aus dem

Zusammentreffen gewisser Erscheinungen die Existenz des Neptun ableitete und dessen Stellung auf das genaueste berechnete, ohne ihn je zuvor mit Augen gesehen zu haben, traut man ihr einfach nicht zu. Hier hätten wir nun mutatis mutandis eine solche Tat auf dem Gebiete der literarhistorischen Forschung. Aber eine derartige Entdeckung bedarf, wenn sie sich einen gleichberechtigten Platz neben anderen erringen soll, nicht minder einer mathematisch genauen Beweis= führung, ja sie muß mehr als eine andere sich auf Zeugnisse von schlagender Unwiderleglichkeit stützen, vor denen sich der Zweifel in alle Winkel verkriecht. Sonst muß sie es sich gefallen lassen, von dem stolzen Throne unwiderleglicher Wahrheit abgesetzt und in das nebelhafte Reich unbewiesener Hypothesen ver= wiesen zu werden.

Sehen wir nun zu, ob die Gründe Wolffs von solcher Beschaffenheit sind. Wolff geht davon aus, daß Kleists Briefe seit dem Jahre 1800 zahlreiche Anspielungen auf literarische Betätigung aufweisen. Das ist nichts Neues. Wir nehmen seit Ad. Wil= brandt an, daß Kleist auf seiner Würzburger Reise den Beruf zum Dichter in sich entdeckt habe. Wir dürfen aus verschiedenen Andeutungen seiner Briefe ver= muten, daß er sich schon in Berlin mit allerhand dichterischen Plänen trug, wir hören von ihm selbst aus Paris, daß er sich dort mit einer poetischen Arbeit befaßte, wir wissen endlich, daß er in der Schweiz voll von literarischen Entwürfen steckte, aus

denen die Schroffensteiner als einzige Frucht hervor=
gingen. Ja, wir müssen aus dunkeln Anspielungen
Kleists, sowie aus Mitteilungen anderer vermuten,
daß das, was wir über seine literarische Tätigkeit
in der Schweiz wissen, nicht einmal alles umfaßt.
Auf diese Zeugnisse nun legt Wolff großes Gewicht.
Der Dichter spricht hier öfters von literarischem Er=
werb, er berichtet von „Geschäften“ mit dem Buch=
händler Geßner, von dreißig Louisdor, die er sich
durch eigene Arbeit verdient habe. Zschokke erzählt, wie
die Freunde sich „von eigenen poetischen Schöpfungen“
freigebig mitteilten, und Münch, der Biograph
Zschokkes, der wegen der „beispiellos seltenen Treue
des Gedächtnisses“ gerühmt wird, ergänzt dessen
Mitteilungen dahin: „Mit vieler Laune hat Zschokke
seinen späteren Freunden noch oft erzählt, wie Lud=
wig Wieland, der nicht das mindeste Talent zum
Tragöden, sondern vielmehr ein launig=humoristisches
hatte, wie sein nachmaliges Leben deutlich bewies,
unaufhörlich mit der Idee umging, er sei dazu be=
stimmt, ein großer Trauerspieldichter zu werden;
Heinrich Kleist aber sich anstrengte, witzige und lustige
Komödien zu verfassen. Das Unglück wollte, daß
die Gesellschaft, worin die corpora delicti mitgeteilt
wurden, über die Trauerspiele Wielands sich halb
tot lachte und über die Lustspiele Kleists sich halb
tot gähnte, was beide dann oft nicht wenig verdroß.“

Das alles klingt freilich sehr bestechend, es fragt
sich aber, ob Wolff berechtigt war, daraus so weit=

gehende Schlüsse zu ziehen. Vor allem muß man bedenken, daß Kleists Briefe aus der Schweiz von einem ganz besonderen Gesichtspunkt aus zu betrachten sind. Kleist hatte sich mit seinem Entschlusse, Landmann zu werden, in Widerspruch mit den Seinen gesetzt. Seit jeher war er das Schmerzenskind der Familie gewesen, aber mit diesem Schritt hatte er allem die Krone aufgesetzt. Der Weg ins Elternhaus war ihm versperrt, solange ihm nicht der Erfolg recht gegeben hatte. Er vergleicht sich selbst dem verlorenen Sohn und spricht von einer Verbannung, von der sich zu befreien sein unaufhörliches Streben sei. Daher sind denn auch alle seine Briefe von der deutlichen Absicht durchdrungen, seinen Umgang, seine Tätigkeit, seine ganze Lebensführung in das denkbar beste Licht zu stellen. Gleich in seinem ersten Briefe aus Bern weiß er seiner Schwester zu berichten, daß auch Zschokke — er, der kluge Mann, der es doch schon so weit gebracht — mit dem Gedanken umgehe, sich in der Schweiz, sogar in seiner Nähe anzukaufen, daß er ihm das Schweizer Bürgerrecht verschaffen wolle und dergleichen mehr. Später wieder erzählt er ihr von seinen Beziehungen zu Geßner, „Sohn des berühmten, der eine Wieland, Tochter des berühmten, zur Frau hat". Man merkt also deutlich, wie es dem Dichter darum zu tun ist, die besorgten Seinigen über sein derzeitiges Schicksal zu beruhigen. Bei alledem war jedoch der angehende Schweizer Bürger beständig in Geldnöten

und gezwungen, an die Güte seiner Schwester zu
appellieren. Um sich aber nicht die Vorwürfe Ul=
rikens zuzuziehen, die ihm von der Übersiedlung in
die Schweiz am eindringlichsten abgeraten hatte,
fügte er naturgemäß einige beruhigende Bemerkungen
über die künftige Ausgestaltung seiner finanziellen
Lage hinzu. Und das fiel ihm damals nicht schwer.
Denn bei dem schrankenlosen Optimismus, der sich
stets seiner bemächtigte, sobald seine literarischen Ar=
beiten von statten gingen, gab er sich sogleich den
extremsten Hoffnungen hin und glaubte seine kühn=
sten Träume in die nächste Nähe gerückt. Schon
zwei Monate nach seiner Ankunft schreibt er der
Schwester: „In Hinsicht des Geldes kann ich Dir
versichern, daß in der Zukunft zur Notdurft für mich
gesorgt. Du kannst es erraten, ich mag darüber
nichts sagen." Zuvor bittet er sie aber, ihm den
Rest seines Vermögens zu schicken. Und wenn er
ihr im nächsten Briefe schreibt: „Nun, von der einen
Seite, mein bestes Mädchen, kann ich jetzt Dich be=
ruhigen, denn wenn mein kleines Vermögen gleich
verschwunden ist, so weiß ich jetzt doch, wie ich mich
ernähren kann," so haben wir diese Außerung wohl
auch auf die Zukunft zu beziehen, und noch dazu
auf eine Zukunft, wie Kleist sie sich ausmalte,
und wie sie keineswegs immer der Wirklichkeit ent=
sprach. Viel bestimmter klingt dagegen eine Stelle
aus einem Briefe von der Aarinsel bei Thun,
dem einzigen, den er aus seiner idyllischen Ver=

schollenheit an die Schwester richtete: „Von allen Sorgen vor dem Hungertod bin ich, Gott sei Dank, befreit, obschon alles, was ich erwerbe, so gerade wieder draufgeht." Gerade dieser Brief ist aber auch sonst besonders charakteristisch. Die Tage, die Kleist auf jener weltentrückten Insel verlebte, gehörten ja in jeder Beziehung zu den glücklichsten seines Lebens, und hier, mitten in seinem dichterischen Schaffen, ging gelegentlich auch in den Briefen die Phantasie mit ihm durch und spiegelte ihm als Wirklichkeit vor, was eigentlich nur in seiner Einbildung bestand. Zwei markante Beispiele hiefür finden sich gerade in diesem Briefe. Kleist erzählt unter anderem, daß er, während seine schöne Wirtschafterin „Mädeli" dem Gottesdienst beiwohne, das Schreckhorn zu besteigen pflege und dann mit ihr gemeinsam nach Hause zurückkehre. Nun war aber das Schreckhorn, das die ansehnliche Höhe von 4082 Meter hat, damals überhaupt noch nicht erstiegen und erfordert von Thun aus mindestens drei beschwerliche Tagereisen. Und über seinen Verkehr berichtet er: „Zuweilen kommen Geßner oder Zschokke oder Wieland aus Bern, hören etwas von meiner Arbeit und schmeicheln mir." Geßner aber konnte damals seine einem freudigen Familienereignis entgegensehende Frau und sein arg bedrohtes Geschäft kaum verlassen, von einem Aufenthalte Wielands in Thun weiß der erhaltene Briefwechsel nichts zu berichten, und von Zschokke endlich wissen wir ganz sicher, daß er sich damals im Aargau befand, den er nicht mehr verließ. (S. Zolling, Heinrich v. Kleist in der Schweiz, S. 63 f.) Haben wir da nicht ein Recht, auch die obige Äußerung Kleists über seinen Lebensunterhalt skeptisch aufzunehmen? Aber nehmen wir an, sie beziehe sich auf jene dreißig Louisdor, von denen Kleist einige Monate später in einem Briefe an Pannwitz spricht. Wolff meint, damit könne unmöglich das Honorar für die „Familie Schroffenstein" gemeint sein, denn Kleist schreibe in einem Briefe nach dem Erscheinen des Dramas ausdrücklich, daß Geßner ihn nicht bezahlt habe. Die Sache kann sich aber auch noch anders verhalten haben. Kleists Anspielungen auf „Geschäfte" mit dem Buchhändler Geßner datieren erst seit der Zeit, wo er sein Drama im Kreise der Freunde vorgelesen hatte. Auch aus anderen Andeutungen sind wir berechtigt, zu schließen, daß Geßner dem Freunde gleich seinen Verlag angeboten habe. Da wir nun wissen, daß Kleist sich beständig in Geldnöten befand, da es ferner aus verschiedenen Zeugnissen bekannt ist, daß der junge Geßner alles andere eher war als ein praktischer Geschäftsmann, so wäre es nur zu begreiflich, wenn er dem Autor einen Teil des Honorars — eben jene dreißig Louisdor — im vorhinein bezahlt hätte. Den Rest aber, auf den Kleist natürlich sicher gerechnet hatte, konnte Geßner, der inzwischen stark in die Klemme gekommen war und in solchen Fällen auch sonst gelegentlich mit dem Honorar auf sich warten ließ (wie z. B. für Wielands Attisches

Museum), nicht mehr bezahlen. Was nun endlich die Mitteilung Münchs betrifft, daß Kleist „sich anstrengte, witzige und lustige Komödien zu verfassen", so berechtigt auch sie nicht zu dem Schlusse, daß diese Komödien auch gedruckt sein müßten. Im Gegenteil wird man annehmen dürfen, daß Kleist, der damals anderen Idealen zustrebte, solche Lustspiele, bei denen sich die Zuhörerschaft „halb tot gähnte", ebensowenig der Öffentlichkeit übergeben habe, wie die gleichzeitig erwähnten Trauerspiele des jungen Wieland je den Druck erlebten. — So hat denn Wolff mit seiner Zusammenstellung nur das bestätigt, was wir eigentlich schon früher wußten — den Beweis aber, auf den es ihm ankam, daß nämlich Lustspiele Kleists im Jahre 1802 gedruckt worden seien, hat er damit nicht erbracht. Und doch würde erst ein solcher Beweis die feste Grundlage schaffen, auf der dann erst alles übrige aufgebaut werden kann.

Wir wollen sehen, ob nicht die beiden Stücke selbst eine solche feste Grundlage entbehrlich machen, indem sie aus ganz besonderen inneren Gründen als das Werk Kleists reklamiert werden müßten. Das scheint nun aber auch nicht der Fall zu sein. Fassen wir sie näher ins Auge. „Das Liebhabertheater" und „Koketterie und Liebe" sind sie betitelt: Intrigenlustspiele, wie sie damals zu Dutzenden die deutsche Bühne bevölkerten. Die Handlung bewegt sich in den ausgefahrenen Geleisen der damaligen

Lustspieltechnik, die Figuren weisen eine stattliche Ahnenreihe von Weiße bis zu Iffland-Kotzebue auf. Hie und da Ansätze zu individueller Charakteristik, so daß es den Anschein erweckt, als hätten bei einigen von ihnen Personen aus der Umgebung des Dichters Modell gestanden. Die Technik ist durchaus schüler= haft. Die „Familie Schroffenstein", das Erstlings= werk Kleists, das ja gewiß manche Unbeholfenheit aufweist, verrät doch den geborenen Dramatiker. Hier ist davon nichts zu spüren. Ich will nur ein Beispiel herausgreifen. Die Verwendung des Mono= logs. Kleist war ein Gegner des Monologs, er emp= fand ihn als Hemmschuh für den Fortgang der dramatischen Handlung. Darum verwendet er ihn äußerst selten und nie überflüssigerweise. Minde= Pouet hat (in der Beilage zur Allgemeinen Zeitung 1898 Nr. 66) darauf hingewiesen, daß sich in Kleists sämtlichen Dramen nur siebzehn Monologe vorfinden, die sich, bis auf zwei, durch große Kürze charakterisieren, und von denen außerdem fünf nur scheinbar Mono= loge sind. Vergleichen wir damit die Monologe in den beiden Lustspielen. Schon die Art ihrer Ver= wendung ist ganz unkleistisch. Ist der Dichter in Verlegenheit, wen er auftreten lassen soll, — gleich stellt ein Monolog zur rechten Zeit sich ein; hat er die Handlung ein Stück vorwärts gebracht, so schickt er jemand vor die Rampe, der unter dem Deckmantel des Monologs den neugierigen Zuschauern etwas von dem weiteren Programm verraten muß. Be=

sonders lehrreich ist der 15. und 16. Auftritt im ersten Akt des „Liebhabertheaters". Dort tritt zuerst Roderigo auf, hält seinen obligaten Monolog und geht dann ab, seine Frau zu suchen, — die nun bei der anderen Tür hereinkommt, um ihren Monolog zum besten zu geben. Sollte man das einem Heinrich v. Kleist wirklich ernstlich zumuten dürfen? In den zwei Akten des „Liebhabertheaters" finden sich fünf Monologszenen, in den dreien von „Koketterie und Liebe" elf, und vier Auftritte beginnen mit Monologen, die durch das Hinzutreten einer zweiten Person unterbrochen werden. Die fünf Akte der beiden Lustspiele weisen somit zwanzig Monologe auf, mehr als Kleist in allen seinen Dramen zusammengenommen geschrieben hat! Auch das Beiseitesprechen, von dem hier in der ausgiebigsten Weise Gebrauch gemacht wird, ist ein Hilfsmittel, dessen sich Kleist mit großer Sparsamkeit bediente.

Wolff führt ferner den Stil der beiden Stücke zur Unterstützung seiner Behauptung ins Treffen. Nun sind aber stilistische Prinzipien überhaupt unzuverlässige Stützen, wo es sich um die Feststellung geistigen Eigentumsrechts handelt. Selbst bei einer so ausgeprägten Individualität wie der Kleists haben sie schon ihren Dienst versagt. Ich erinnere nur an die Erzählung „Mord aus Liebe", die man lange Zeit, gerade auf Grund stilistischer Eigentümlichkeiten, irrigerweise für ein Werk Kleists gehalten hat. Und doch sagt Erich Schmidt einmal über den Stil Kleists:

„Alles, was er geschaffen, sagt uns sofort: Ich bin
kleistisch." Dieser treffenden Wahrnehmung wird sich
gewiß niemand entziehen können, der sich eingehender
in Kleists Dichtungen vertieft. Aber gerade dieses
Zwingende, Schlagende fehlt hier. Allerdings finden
sich Stellen in beiden Stücken, bei deren Lesung
man sich sagt: Das könnte auch Kleist geschrieben
haben. Und von dieser Art sind auch die Beispiele,
die Wolff zur Begründung seiner Ansicht vorbringt.
Alles, was er von dem Vorkommen von Bildern
und Sentenzen, von der Verwendung des einfachen
statt des zusammengesetzten Zeitworts, von gram=
matischen und orthographischen Eigentümlichkeiten an=
führt, spricht nicht gerade gegen Kleist, aber es muß
deshalb noch lange nicht für ihn sprechen. Denn
alles das läßt sich auch bei anderen Dichtern belegen,
während gerade speziell Kleistsche Eigentümlichkeiten,
die einen einigermaßen sicheren Schluß zuließen,
fehlen. Doch dies soll im weiteren Verlaufe noch
näher erörtert werden.

Wir wenden uns nun dem letzten und schwer=
wiegendsten Punkt der Wolffschen Beweisführung zu,
der „unwillkürlichen Individualisierung des Helden
nach der Seele des Dichters selbst". Es läßt sich
in der Tat nicht leugnen, daß einzelne Personen der
beiden Stücke in ihrer Charakterzeichnung über=
raschende Analogien mit Kleist aufweisen, und Wolff
zieht daraus den naheliegenden Schluß: Kleist liebte
es, in seinen Dichtungen sich selbst abzuzeichnen,

folglich sind auch diese beiden Lustspiele, in denen er augenscheinlich porträtiert ist, Kinder seiner Muse. Die Prämissen stimmen beide. Es ist richtig, daß die meisten der Kleistschen Helden Züge ihres Dichters an sich tragen. Es ist ebenso richtig, daß Personen der beiden Lustspiele auffallend an Kleist erinnern. Weniger im „Liebhabertheater", obwohl auch hier der Held ein Stück Kleist ist. Zwar, daß er in Begleitung eines als Mann verkleideten Frauenzimmers reist, wie Kleist mit seiner verkleidungsfrohen Schwester Ulrike, könnte man auch auf Rechnung einer seit Jahren gehegten Lustspieltradition setzen. Aber Roderigo ist Offizier, der den Dienst quittiert hat, wie Kleist, und seine ihm insgeheim angetraute junge Frau die Tochter eines höheren Offiziers, wie Kleists Braut Wilhelmine v. Zenge. Noch mehr erinnert in „Koketterie und Liebe" der „Liebhaber" Eduard Felseck an unsern Dichter. Er wird uns geschildert als ein Mensch, „der entweder alles oder nichts besitzen will, und auch da ungestüm fordert, wo man nur durch Hingebung und Bescheidenheit am meisten gewinnt". Wir hören von seinen „herrischen" Neigungen, von einem plötzlichen Entschluß, schnurstracks nach Amerika zu reisen, als er seine Liebe zu Sophie nicht erwidert glaubt. „Er bittet um Liebe, die Pistole in der Hand, und sieht immer aus, als dächte er, wenn Sie nicht wollen, Mademoiselle, so lassen Sie es bleiben." Und doch, welch ein Unterschied zwischen der un

bewußten Subjektivität Kleists und dieser Charakteristik! Eine so ausgesprochene Persönlichkeit wie er
legte — allerdings mehr unbewußt als bewußt —
von seinem Ich in die Gestalten seiner Dichtungen.
Aber haben wir denn hier etwas Derartiges vor uns?
Gewiß, Kleist war einer solchen Liebe, „mit der Pistole in der Hand", fähig, aber er spielte mit seiner
Art zu lieben nicht Komödie, er dachte von der Liebe
zu ernst und zu hoch, als daß er geneigt gewesen
wäre, sie in einer Komödie zu prostituieren. Das
scheint mir der Punkt, der am entscheidendsten gegen
die Annahme der Verfasserschaft Kleists spricht. Mit
solchen Dingen hat er nie gescherzt. Er hat sich gelegentlich selbst geschildert, aber er hat sich nie persi-
fliert — am allerwenigsten in dem, was ihm das
Heiligste war: in der Liebe und der Kunst. Gerade
auf seine dramatische Kunst lassen sich aber eine Reihe
von karikierenden Äußerungen in dem mit literarischen Anspielungen reich gespickten „Liebhabertheater"
beziehen, aus denen hier das Wesentlichste heraus-
gegriffen werden soll.

Zschokke berichtet in seiner „Selbstschau" von den
literarischen Konventikeln der Freunde: „Zuweilen
teilten wir uns auch freigebig von eigenen poetischen
Schöpfungen mit, was natürlich zu neckischen Glossen
und Witzspielen den ergiebigsten Stoff lieferte. Als
uns Kleist eines Tages sein Trauerspiel ‚Die Familie
Schroffenstein' vorlas, ward im letzten Akt das all-
seitige Gelächter der Zuhörerschaft, wie auch des

Dichters, ſo ſtürmiſch und endlos, daß bis zu
ſeiner letzten Mordſzene zu gelangen, Unmöglichkeit
wurde[1]."

Wie ſolch ein Witzſpiel, mit beſonderer Berückſich=
tigung der „Familie Schroffenſtein", mutet nun das
„Liebhabertheater" an. Es iſt bekannt, daß Kleiſt
ſein Erſtlingsdrama urſprünglich in Spanien ſpielen
ließ. Der junge Wieland war ſpeziell derjenige,
der ſich daran ſtieß und den Dichter bewog, den
Schauplatz nach Deutſchland zu verlegen und die
hochtrabenden ſpaniſchen Namen in deutſche zu än=
dern. Der Held, Ottokar von Schroffenſtein, hieß
damals Rodrigo —, ebenſo wie der Held unſeres
Luſtſpiels. Der Baron Eichthal, in deſſen Haus das
Stück ſpielt, nennt ſeine Schweſter bei ihrem Namen
Brigitte. Sie aber bittet ihn: „Nenne mich doch
bei meinen anderen, Iſabelle oder Marie, das klingt
ſo ſanft, ſo ſchmachtend." Noch an einer anderen
Stelle könnte man eine Anſpielung auf die Verlegung
der Schroffenſteiner in eine ſo ferne Gegend finden.
Silberbach, eine lächerliche Figur des Stücks, der
„an einem neuen Werk für die Ewigkeit" arbeitet,

---

[1] Vergleichen wir dieſe authentiſche Darſtellung Zſchokkes
mit der von Münch kolportierten Äußerung (S. oben S. 6
und 11), dann drängt ſich förmlich die Annahme einer
Namensverwechſlung bei Münch von ſelbſt auf. Richtig ſoll
es dort alſo wohl heißen, „daß die Geſellſchaft über die
Trauerſpiele Kleiſts ſich halb tot lachte und über die Luſt=
ſpiele Wielands ſich halb tot gähnte".

Wuladinović, Kleiſtſtudien

muß Näheres darüber mitteilen. Er habe zuerst in der biblischen Geschichte nach einem Sujet gesucht, dann aber diese Idee wieder aufgegeben und nun zufällig in der lappländischen Chronik einen dankbaren dramatischen Stoff gefunden. Auch aus den Inhaltsproben, die Silberbach von seinem Zukunftsdrama gibt, läßt sich manches für die Schroffensteiner entnehmen. So wenn er, um zu beweisen, wie er „auf den Effekt losgearbeitet“ habe, erzählt, daß es gleich im ersten Auftritt ein fürchterliches Ungewitter mit Donner und Blitz absetze, wobei wir uns der gesucht effektvollen Eingangsszene des Kleistschen Trauerspiels erinnern mögen; oder wenn er berichtet, wie der lappische Held seiner Lappin auf dem Kirchhof den Eid der Treue schwört, wobei uns die nächtliche Liebesszene zwischen Ottokar und Agnes in der Höhle vorschweben kann. Und als ob wir das Gelächter der Freunde über die „Mordszenen“ der Schroffensteiner im Hintergrund hörten, mutet es uns an, wenn Roderigo zum Schluß dem begeisterten Lobredner seines eigenen Opus den Rat gibt: „Ich finde alles herrlich, nur, dünkt mich, fehlen einige Hinrichtungen.... Blut muß fließen, es mag herkommen, wo es wolle, wenn Ihr Stück schon kein Trauerspiel ist.“ Selbst auf die Entstehungsgeschichte der „Familie Schroffenstein“ scheint angespielt zu sein. Wir wissen, daß den Dichter zunächst die Verkleidungsszene im letzen Akt interessierte, und daß sich an sie erst alles übrige angliederte.

Und ebenso erzählt Silberbach, daß er den dritten Akt bereits vollendet habe und nun am ersten arbeite. Auf die erstaunte Frage des Barons, ob er denn „von hinten" anfange, erwidert er: „So schreiben jetzt alle Genies. Das neueste dramatische Meisterwerk hat die drei Einheiten, diese Popanze der Dichtkunst, zu Boden geschlagen. Ich versichere Sie, es ist jetzt ein bloßer Spaß, ein Drama zu schreiben." Kleists Zuversicht in seine dichterischen Fähigkeiten war in der Schweiz erheblich gewachsen, und er wird es den Freunden gegenüber sicher nicht an selbstbewußten Äußerungen über seine Kunst haben fehlen lassen. Sagt er doch selbst einmal, daß er eine „neue Entdeckung" auf dem Gebiete der Kunst habe machen wollen; und daß die Höhe, die Goethe und Schiller erreicht hatten, ihm nicht genügte, daß er über sie hinausstrebte, ist zur Genüge bekannt. Auch Silberbach ist von dieser Anschauung durchdrungen, die sich freilich in seinem Munde lächerlich ausnimmt. „Es wird Ihnen bekannt sein, daß im dramatischen Fache noch viel zu tun ist." Jeder der verehrten Männer, die neulich für die Bühne geschrieben haben, lasse noch etwas zu wünschen übrig. Besonders am Trauerspiel sei manches auszusetzen. Einer unserer größten Tragiker sei zu wild genialisch, ein anderer zu irdisch. „Ich habe mich also entschlossen," meint Silberbach, „einen Mittelweg einzuschlagen und das Vortreffliche beider großen Männer zu vereinigen."

Eine solche Übereinstimmung bis in alle Einzelheiten ist zu auffällig, als daß man an bloßen Zufall glauben könnte. Kein Zweifel, die dramatische Kunst Kleists ist hier aufs Korn genommen. Aber so viel steht fest: Kleist selbst würde sich nie und nimmer dazu hergegeben haben, sein dichterisches Streben selbst lächerlich zu machen. Er, der später sein Ringen nach einem neuen Kunstideal in der tiefsten seiner Tragödien, in der „Penthesilea", verkörpert hat, konnte sich nicht zum Harlekin herabwürdigen. Freilich kommt es vor, daß ein Dichter ein Werk aus früherer Zeit in einem späteren ironisiert, sich selbst davon innerlich befreit, aber erst wenn er die betreffende Periode seines dichterischen Schaffens überwunden hat. So hat Goethe seiner Wertherstimmung im „Triumph der Empfindsamkeit" ein Denkmal gesetzt — Kleist hätte auch das nicht vermocht. Damals aber, als die beiden Lustspiele erschienen, war er noch ganz von den stolzen Anschauungen durchdrungen, die darin frivol bewitzelt werden, denn er arbeitete gerade damals eifriger denn je am „Robert Guiskard", in dem er mit kühnem Adlerflug einem heiß ersehnten Ideal zustrebte.

———

II

Wer war nun aber der Verfasser der beiden Lustspiele, wenn Kleist sie nicht geschrieben hat? Die obigen Ausführungen vermögen uns auf seine Spur zu leiten. Diese Stücke konnte nur jemand geschrieben haben, der mit Kleists geheimsten Regungen vertraut war, also einer aus dem engsten Freundeskreise. Zu dieser Vermutung stimmt auch die Erwähnung Wolffs, daß Beziehungen Geßners zu anderen Dichtern als zu Kleist, Zschokke und Ludwig Wieland nicht nachweisbar sind. Zschokke kommt hier natürlich gar nicht in Betracht, denn erstens hat er später eine Gesamtausgabe seiner poetischen Werke veranstaltet und dann liegen die beiden Lustspiele von seiner sonstigen Art zu dichten weit ab.

Wie steht es aber mit dem jungen Wieland? Dieser lebte seit 1800 in Bern bei seinem Schwager Geßner, um das buchhändlerische Fach zu erlernen. Der Vater aber hatte höhere Pläne mit ihm. Er sollte die diplomatische Laufbahn einschlagen, überhaupt trachten, sich in der Schweiz eine amtliche Stellung zu erringen, die ihm der alte Wieland in der Heimat nirgends verschaffen zu können glaubte. Aber der dreiundzwanzigjährige Ludwig erfuhr durch den Freundeskreis ebenso literarische Anregungen wie die anderen Genossen und scheint dem Vater gelegentlich davon Mitteilung gemacht zu haben. Denn am 10. Juni 1802 ſchreibt dieſer dem Sohn: „Natürlich bin [ich] auch begierig mit dem erſten Produkt, womit Du (wiewohl inkognito) im Publiko aufgetreten biſt, bekannt zu werden. Melde mir alſo den Titel und den Verleger, damit ich mich baldmöglichſt in den Beſitz eines Exemplars ſetzen könne." Wir haben es ſomit offenbar mit einem anonymen Werke zu tun, das bereits gedruckt ſein muß. Die erſte als ſolche bekannte Publikation des jungen Wieland, der erſte Band der „Erzählungen und Dialogen" erſchien aber erſt 1803 und mit dem vollen Namen des Verfaſſers. Sie kann alſo hier nicht gemeint ſein. Aber auch auf die anonym erſchienene „Familie Schroffenſtein" Kleiſts, deren Schlußredaktion von Wieland vorgenommen wurde, kann hier nicht angeſpielt ſein, denn dieſe war damals gleichfalls noch nicht in die Öffentlichkeit gekommen. Durch das Intereſſe, das der Vater an dem „erſten Produkt" des Sohnes zeigte, kühn gemacht, erwiderte nun dieſer in einem Briefe, den wir zwar nicht kennen, deſſen Inhalt wir uns aber aus einem Antwortbriefe des Vaters vom 9. Auguſt leicht zu rekonſtruieren vermögen. „Der einzige Nahrungszweig, der mir, wie jedem, offen ſteht, iſt Schriftſtellerei, und dieſem mich ausdrücklich zu widmen iſt mein Entſchluß." So lautet eine wichtige Stelle, die der beſorgte Vater aus dem Brief des ſeit jeher leichtſinnigen Söhnchens wörtlich herausgreift. Aber es bleibt nicht bei dieſen allgemeinen Andeutungen. Der junge Mann glaubt in sich den Beruf zum Lustspieldichter zu fühlen, er glaubt „Talent für die echte Komödie" zu besitzen. Daß der Vater, dessen Pläne mit seinem Sohne ganz anderswohin gerichtet waren, von solchen, noch dazu in „kavalierischem Ton" gehaltenen Mitteilungen gerade nicht erbaut war, läßt sich denken. Er versucht denn auch, dem jungen Springinsfeld, der zu alledem auch die Schweiz verlassen will, seine Luftschlösser einzureißen und schildert ihm die Schriftstellerei als das „elendeste, ungewisseste und verächtlichste Handwerk", als den „sichersten Weg im Hospital zu sterben", wenn man nicht durch außergewöhnliches Talent begnadet sei. Und nun fährt er fort: „Wie es scheint, existieren schon zwei Stücke von Dir im Druck. Wie kommt es, daß Du nicht für gut gefunden hast mir ein Exemplar davon zu schicken? Zwar mit dem neuesten, das Du dem guten Geßner aufgehängt hast, bist Du selbst nicht wohl zufrieden; es ist weder komisch noch spaßhaft und hat also in Deinen Augen keinen Wert, sagst Du? Warum ließest Du es also drucken?" (Zeitschrift für Bücherfreunde 1, 298 ff.)

Hier haben wir also die Bestätigung, daß Ludwig Wieland zwei Stücke — Lustspiele, wie wir aus dem ganzen Zusammenhang annehmen müssen — anonym (das wissen wir aus dem früheren Briefe Wielands) im Geßnerschen Verlage 1802 hatte erscheinen lassen. Wolff führt Teile aus den beiden zitierten Briefen an, aber um zu beweisen, daß

Wieland der Verfasser der beiden Lustspiele nicht sein könne. Fürs erste habe er dem Vater trotz seiner Aufforderung vom 10. Juni noch am 9. August die Stücke nicht eingeschickt. Nun darf man aber nicht vergessen, daß der junge Wieland ein äußerst fauler Briefschreiber war. Oft und oft beklagt sich der Vater, daß er sechs bis sieben Wochen lang nichts von dem Sohne höre, und das oft in entscheidenden Augenblicken seines Lebens. Und ebenso oft schärft er den Verwandten ein, seinen Louis doch ja zu fleißigerem Schreiben anzuhalten. Daß der Sohn nach jener ausgiebigen Abkanzelung vom 9. August die Stücke, von denen er selbst nicht sonderlich er=baut war, nicht schickte, wäre auch nur zu leicht be=greiflich. Aber auch später, meint Wolff, könne der alte Wieland derartige Lustspiele seines Sohnes nicht zu Gesicht bekommen haben, weil er in dem Briefe, in dem er Ludwigs „Erzählungen und Dialogen" dem Buchhändler Göschen zum Verlag empfiehlt, dieser Lustspiele nicht ausdrücklich Erwähnung tut, sondern nur von „verschiedenen Aufsätzen" spricht, mit denen er bald nach Ludwigs Zurückkunft über=rascht worden sei. Bei der diplomatischen Art Wie=lands, mit seinen Verlegern zu verkehren, und bei der geringen Wertschätzung, die der Dichter selbst und vielleicht im stillen auch der Vater diesen Erst=lingsprodukten entgegenbrachte, dürfte es nicht wundernehmen, wenn Wieland Göschen gegenüber schwieg. Und selbst wenn Wieland wirklich die

poetischen Erstlinge seines Sohnes nie gesehen haben sollte: besitzen wir in jenen oben angeführten Brief=
stellen nicht untrügliche Zeugnisse dafür, daß tat=
sächlich zwei Lustspiele des Sohnes 1802 anonym im Verlage Geßners erschienen waren? Nun sagt Wolff, daß 1802 im Geßnerschen Verlag „neben religiösen, politischen und wissenschaftlichen Werken nur eine poetische Schrift" herauskam — eben jene anonymen „Lustspiele". Was liegt näher, als zu vermuten, daß ihr Verfasser Ludwig Wieland und kein anderer sei[1])?

Und nun halten wir uns noch einmal vor Augen, was wir am Schlusse des vorigen Abschnitts über die persiflierende Darstellung der Kleistschen Kunst erfahren haben. Eine solche Darstellung setzt nicht nur eine Persönlichkeit aus dem vertrautesten Um=
gang des Dichters voraus, sondern sie wird über=
haupt erst erklärlich, wenn wir uns den Verfasser der Lustspiele als einen Menschen vorstellen, der, an und für sich zur Bespöttelung der Neben=
menschen veranlagt, nicht in allen Fragen der Kunst mit Kleist übereinstimmte. Beides paßt auf Ludwig Wieland. Daß er sich zu den Schroffen=
steinern in offenen Gegensatz stellte, haben wir ge=
hört. Zschokke sprach, wie wir uns erinnern, von seinem „launig=humoristischen Talent". In seiner „Selbstschau" stellt er ihn einmal mit Kleist zu=

---

[1]) Nur ganz nebenher sei bemerkt, daß L. Wieland drei Jahre später zwei Lustspiele, und zwar gleichfalls unter dem einfachen Kollektivtitel „Lustspiele", veröffentlichte.

sammen: „Der eine von ihnen, Ludwig Wieland, Sohn des Dichters, gesiel mir durch Humor und sarkastischen Witz.... Verwandter fühlt' ich mich dem andern, wegen seines gemütlichen, zuweilen schwärmerischen, träumerischen Wesens, worin sich immerdar der reinste Seelenadel offenbarte. Es war Heinrich v. Kleist." Aber auch der alte Wieland findet den „leichtsinnigen, witzelnden, herzlosen Ton" seines Sohnes anstößig und ermahnt ihn: „Mit satirischen Launen, mit beißend tadelndem und spottendem Witz, mit strengen Forderungen an andere bei großer Nachsicht gegen sich selbst, mit überspannten Begriffen und Grundsätzen, mit großer Einbildung von sich und geringer Meinung von anderen, kommt niemand durch die Welt." Einem Menschen, der so charakterisiert wird, kann man auch eine solche Persiflage des Freundes zutrauen, der vielleicht, wie bei jener Vorlesung der Schroffensteiner, auch hier in das Gelächter der Freunde mit eingestimmt haben wird. Wer aber die Charakterbilder zusammenhält, wie sie Zschokke von den beiden jungen Dichtern entwirft, wird wohl kaum im Zweifel sein, wem von beiden die hier besprochenen Stücke eher zuzutrauen seien.

Doch in einem so wichtigen Falle, wie es der vorliegende ist, kann man nicht genug sicher gehen. Und gerade hier gibt es ein sehr naheliegendes Mittel, um die Probe auf die Richtigkeit des eben Angeführten zu machen: die Vergleichung der beiden fraglichen Lustspiele mit den bekannten Schriften Ludwig Wielands.

Ich habe mir hiebei nach zwei Seiten hin Be=
ſchränkungen auferlegt, indem ich erſtens überall nur
die wichtigſten Beiſpiele anführe und zweitens für
die Vergleichung nur die zeitlich enganſchließenden
Schriften Ludwig Wielands heranziehe, glaube mir
aber dieſes in anderen Fällen vielleicht nicht ganz
unanfechtbare abgekürzte Verfahren umſomehr er=
lauben zu können, als das von mir beigebrachte
Material vollkommen genügt, um die Autorſchaft
Wielands außer allen Zweifel zu ſtellen. Für die
Vergleichung mit den beiden Luſtſpielen kommen alſo
in erſter Linie folgende Werke Wielands in Betracht:
der 1803 in Leipzig erſchienene erſte Band der „Er=
zählungen und Dialogen", in dem zwei Dialoge [1]
und die Erzählung „Das Feſt der Liebe" enthalten
ſind, und ein Band „Luſtſpiele", mit den beiden
Stücken „Ambroſius Schlinge" und „Die Bettler=
hochzeit", zwar erſt 1805 veröffentlicht, aber, wie aus
mehreren ungedruckten, mir von Bernhard Seuffert
gütigſt zur Verfügung geſtellten Briefen hervorgeht,
wohl ſchon Ende 1803 abgeſchloſſen. „Ambroſius
Schlinge" wurde überdies, laut einer Mitteilung
Wuſtmanns an Seuffert, am 7. Juni 1803 in Leipzig
zum erſten Male aufgeführt. Seuffert macht mich
auch auf Berührungen in den beiden Luſtſpielen mit

---

[1] Dieſe Dialoge wurden von Knebel dem alten Wieland
zugeſchrieben (vgl. Goethejahrbuch 10, 124), ſtammen aber
nachweislich von Ludwig (vgl. u. a. Gruber, Wieland 4,
343).

den häuslichen Verhältnissen Wielands aufmerksam.
So sei es gewiß mehr als Zufall, daß dort zumeist
Namen von Geschwistern Ludwig Wielands vorkommen: Sophie, Charlotte, Amalie, Julie, Ludwig,
Karl, Wilhelm. Eduard heißt der damals freilich
noch ganz kleine Sohn von Heinrich und Charlotte
Geßner. Über den Verkehr in des alten Wieland
Hause schreibt Seuffert: „Die mir bekannten Briefe
der Töchter Wielands erlauben zwar nicht, ihre
Charaktere als Originale zu den Lustspielen zu greifen,
dazu sind sie zu wenig zahlreich und zu lückenhaft;
aber daß die Wielandschen Töchter lustige Geschöpfe
waren, umliebt wurden, harmlos liebelten und gegen-
seitig intrigant im Guten spielten, und daß der Alte
sie sehr gerne verheiraten wollte, stimmt. Und warum
soll Macdonald nicht darunter gewesen sein (als
Williams), da der alte Vater sehr für ihn schwärmte
(Siehe Böttiger, Lit. Zustände und Zeitgenossen 2,
173 f., auch 1, 239; 2, 163, 167). All das mußte
Louis, aber nicht Kleist."

Im folgenden sollen nun diese beiden Lustspiele
„Das Liebhabertheater" und „Koketterie und Liebe"
in Bezug auf Sprache, Stil und Motive untersucht
werden, wobei ich besonders jene auffälligen Erscheinungen und auch jene Beispiele heranziehen will,
die von Wolff für Kleist in Anspruch genommen
worden sind.

Schon in der Sprache der beiden Lustspiele hat
Wolff einen Beweis für die Autorschaft Kleists zu

finden geglaubt. Er läßt alles beiseite, was „unser Dichter mit manchen Zeitgenossen gemeinsam hat", und wendet sich direkt den sprachlichen Eigentümlichkeiten der beiden Stücke zu, die nach seiner Meinung einzig und allein auf Kleist hinweisen. Aber alles das, was Wolff anführt, findet sich in den als solchen bekannten Schriften des jungen Wieland in reicher Fülle vor. So das Durcheinanderwerfen der starken und schwachen Deklination (die Symptomen, der Männerscheue, die Trümmern; vgl. bei Wieland: die Trümmern, der Lärmen, Männerscheue, Scheue, Liebesscheue. — Kleist kennt, soviel ich ersehen kann, die Form „Scheue" überhaupt nicht), die Verdumpfung des i zu ü in verdrüßlich, kützlich (vgl. bei Wieland: kützeln; bei Kleist nicht belegt), die Apokopierung des schwachen Präteritums und des starken Imperativs (sah', sieh', geh'; vgl. bei Wieland: hör' auf, geh', dacht' ich, macht' ich), ferner die Verwendung des einfachen Zeitwortes statt des zusammengesetzten (kühlen statt abkühlen, sparen statt aufsparen, nehmen statt annehmen; vgl. auch bei Wieland: hielt statt verhielt, nahm statt benahm). Als „besonders glückliche Sprachschöpfung" begrüßt Wolff den aktiven Gebrauch von Zusammensetzungen mit inaktiven Zeitwörtern (sich herausscherzen, herausspotten; vgl. bei Wieland: hinabwalzen, sich herausbetteln, sich herausfressen).

Wie man also sieht, lassen sich alle diese für Kleist reklamierten sprachlichen Besonderheiten nicht

nur auch bei Ludwig Wieland belegen, sondern
dieser stimmt in einzelnen Formen mit den beiden
Lustspielen überein, die Kleist ganz fremd sind. Es
liegt mir aber nichts ferner, als aus dieser Überein=
stimmung schon Schlüsse auf die Verfasserschaft
Wielands ziehen zu wollen, wie mir denn überhaupt
die Methode, wie Wolff aus der Sprache auf den
Autor schließt, etwas oberflächlich erscheint. Das
Resultat der von Wolff gesuchten Übereinstimmungen
ist für den vorliegenden Fall höchstens das: Der
Verfasser der beiden Lustspiele kann auch L. Wieland
sein. Aber ebensogut können sich die von Wolff ver=
merkten Eigentümlichkeiten alle bei einem anderen
Dichter vorfinden. Auch mit Dialektformen und
Jdiotismen wird man bei einem Schriftsteller des
beginnenden 19. Jahrhunderts nicht viel anfangen
können. Von wirklicher Beweiskraft werden nur
solche Bestandteile des Wortschatzes sein können,
die von dem Gebrauche der Schriftsprache auffällig
abweichen, aber nicht einem, wenn auch noch so eng
umschriebenen Dialektgebiete angehören, sondern das
charakteristische Eigentum eines bestimmten Schrift=
stellers sind oder doch, selbst wenn sie auch anders=
wo belegt sind, direkt auf seine Spur zu führen ver=
mögen. Solch einen charakteristischen Ausdruck glaube
ich, nach Ausscheidung alles nur halbwegs Fraglichen,
gefunden zu haben, und zwar S. 99: Die Menschen
fangen an, mich zu belangweiligen. Auch in den
Schriften des jungen Wieland ist dieser Ausdruck

belegt (Fest der Liebe S. 14), Kleist ist er vollkommen fremd. Ja er ist so selten, daß Grimm und Adelung ihn nicht kennen. Nur der alte Campe, und von neueren Lexikographen Sanders, führen ihn an. Beide kennen aber nur einen einzigen Beleg dafür — und zwar nur aus den Schriften des Vaters Wieland! Nun wissen wir auch ganz genau, woher der Sohn dieses ungewöhnliche Wort hat: es war eine Art Familienwort, das sich vom Vater auf den Sohn vererbt hatte.

Nicht viel anders steht es mit dem, was Wolff aus den stilistischen Eigentümlichkeiten der beiden Lustspiele für die Verfasserschaft Kleists folgert. Auch hier zeigt es sich, daß diese „speziell Kleistischen" Eigentümlichkeiten allesamt auch bei Ludwig Wieland nachzuweisen sind, ja daß Wieland in einzelnen Fällen herangezogen werden kann, wo Kleist versagt. Da fallen zunächst die zahlreich eingestreuten französischen Wörter und die vielen französischen Redewendungen auf. Wolff begründet sie mit Kleists geläufiger Kenntnis des Französischen, hält sie dagegen bei Ludwig Wieland, der ja „die Franzosen nicht leiden kann", für ausgeschlossen. Aber schon ein flüchtiger Blick in die Schriften des jungen Wieland belehrt uns, daß er französische Ausdrücke sehr gern gebraucht, und daß er eine ganz besondere Vorliebe für Gallizismen hat, — eine Vorliebe, die sich in seinen späteren Prosaschriften noch steigert. Es lohnt sich nicht, lange Verzeichnisse zum Beweise dieser

Tatsachen anzulegen. Daß er „seine Schilderungen mit erotischen und moralischen Gallizismen über= füllt hat", bemerkten übrigens schon seine Zeit= genossen (vgl. Neue Leipziger Literaturzeitung 1806 1, 137).

Wielands Dialog ist ferner reich an Pointen und Bildern. Der Sohn und Nachahmer des alten Wieland ist, wenn man so sagen darf, ein Meister des Flirt. Sophiens Bemerkung zu Eduard (in „Koketterie und Liebe"): „Wir werfen uns nur leere Worte zu" ist für den Dialog Wielands überhaupt charakteristisch. Ähnlich heißt es auch in der „Bettler= hochzeit": „Was sind denn Worte? Wollt Ihr mich mit meinen eigenen Worten fangen?" Und im „Fest der Liebe" wird ausgemacht, daß die Gesellschaft sich „witzige Fragen und kurzweilige Antworten wie Bälle zuwerfen" solle. Große Scheingefechte sind seine Dialoge, in denen das Thema Mann und Weib den ständigen Mittelpunkt bildet und die ein= zelnen Personen sich zu Vertretern ihres ganzen Ge= schlechts aufwerfen, dessen Standpunkt sie nachdrück= lich vertreten. Daher die so häufige Ansprache: „Ihr Männer, Ihr Frauen", die in den beiden Lustspielen ebenso beliebt ist wie in den bekannten Werken Wielands. Daher auch das so auffällige Überwiegen von Bildern aus dem Militär= und Gerichtsleben. Besonders die ersteren findet Wolff bei einem eben aus dem Dienst geschiedenen Offizier erklärlich. Ich be= gnüge mich damit, statt einer langen Reihe von ein=

zelnen Ausdrücken, wie sie bei Wieland in Menge
vorkommen, eine zusammenhängende Stelle aus dem
„Fest der Liebe" zu geben, aus der man gleich ein
Bild von der Art des Dialoges bei Wieland gewinnt:
„O, Sie tun alles, das Urteil leicht zu machen!" —
„In Liebessachen sollte gar niemand richten, denn
wir sind da alle Partei." „Doch gibt es Freibeuter,
wider die man gemeine Sache machen sollte." —
„Halten Sie uns wirklich für so gefährlich? Unsere
Fehde ist die offene, unser Angriff unverdeckt, und
maskieren wir uns, so geschieht es mehr, die Nieder=
lage unserer schönen Feinde in ihren eigenen Augen
zu entschuldigen ..." „Geduld! Gegen einen Feind
wie Sie muß man sich besonders verwahren. Ehe
ich Ihnen gestatte, mir nur von Liebe vorzusprechen,
verlange ich die Erfüllung eines Präliminarartikels ...
Allenfalls verzeihe ich Ihnen einen leichten Angriff
auf Wilhelminen" u. s. w. Derartige Stellen ließen
sich noch viele herausgreifen. Kleist aber verwendet
gerade diese Art von Bildern gar nicht, wie die sorg=
fältige Zusammenstellung bei Minde=Pouet (Heinrich
v. Kleist. Seine Sprache und sein Stil. Weimar
1897) beweist.

Aus dem antithetischen Charakter des Wieland=
schen Dialoges erklärt sich endlich auch das häufige
Vorkommen von Antithesen (z. B. Du bist lang=
samer als je — und Sie ungeduldiger als ge=
wöhnlich; nie war er so allerliebst unartig — ich
wette darauf, wenn er artiger wäre, du fändest ihn

unausstehlich)). Auch in den zur Vergleichung heran=
gezogenen Werken Wielands finden sie sich häufig
(z. B. Eure Antworten sind kurz und spitz — und
Eure Fragen lang und stumpf; es ist mir ganz
wunderbar — nun, gewiß nicht sonderbarer als mir).
Wolff findet sie Kleistisch, bringt aber keinen Beleg
aus Kleist.

Noch eine Eigentümlichkeit der beiden Lust=
spiele möchte ich erwähnen, die bei Kleist ganz
ausgeschlossen ist, bei Wieland dagegen auch sonst
öfters vorkommt, — ich meine den schon damals
nicht mehr ganz neuen Witz der Verdrehung von
Fremdwörtern. In „Koketterie und Liebe" sagt
z. B. Nanntchen: „Mamsell Sophiens Name soll
transpirant brennen, oder wie es heißt." In der
„Bettlerhochzeit" meint der alte Bettler Penny:
„Ja, ja, sonst war ich pragmatisch, wie mein
Sohn ganz richtig bemerkt", um auszudrücken,
daß er früher an Podagra gelitten habe, und
fordert seinen Sohn, den Bräutigam Artur auf,
seiner Braut doch „etwas Odiöses, Insultantes"
zu sagen, während er natürlich das Gegenteil im
Sinne hat.

Doch ich habe schon oben auf die geringe Zu=
verlässigkeit derartiger stilistischer Beobachtungen hin=
gewiesen und bin natürlich weit entfernt, aus ihnen
so weitgehende Schlüsse für Wieland abzuleiten, wie
Wolff dies für Kleist getan hat, obwohl ich hiezu,
wie man sieht, weit mehr Berechtigung hätte. Als

dienendes Glied dem Ganzen eingefügt, leisten sie aber gute Dienste. Größeren Nachdruck möchte ich dagegen auf die Punkte legen, aus denen sich auf die Individualität des Verfassers Schlüsse ziehen lassen, und da fallen zunächst die Motive und Gedanken, die in die Gespräche der einzelnen Personen eingestreut sind, ins Gewicht.

Wir haben gehört, daß das Thema dieser Gespräche in den beiden Lustspielen und in den bekannten Werken Wielands das gleiche ist. Immer drehen sie sich um Liebe, Ehe, überhaupt um das Verhältnis zwischen Mann und Weib. Definitionen aller Art des Begriffes Liebe finden sich hier wie dort in Menge. Die verschiedenen Arten der Liebe in den verschiedenen Zeiten menschlicher Kultur werden eingehend miteinander verglichen. So wird im „Liebhabertheater" die Liebe „aus den guten, alten Ritterzeiten" als die „romantische" der „neumodischen, sentimentalen" gegenübergestellt. In „Koketterie und Liebe" preist Eduard die reine Liebe aus der „Zeit der Unschuld", während heute alles anders geworden sei, und ein andermal spricht er von der „Zeit der romantischen Liebe", die nun vorüber sei. Genau so wird in dem ersten der beiden Dialoge gezeigt, wie die Liebe aus dem „Anfang des mittleren Zeitalters" sich nach und nach zu der von heutzutage verbildete, und in der „Bettlerhochzeit" wird geradezu eine Geschichte der Liebe von den Schäferzeiten bis auf die Gegenwart entworfen. Doch macht sich Wieland über die Bestrebungen, in

der „Kunst zu lieben" theoretisch Unterricht zu erteilen, wie sie etwa Mansos schon in den Xenien
hart mitgenommenes Buch „Die Kunst zu lieben"
vertritt, weidlich lustig. „Freilich kriegen sie [die
Weiber] auch ordentlich wissenschaftlichen Unterricht
in der Kunst zu lieben. Unsere beliebtesten Romane
sind gleichsam eine hohe Schule der Liebe," sagt
Roderigo im „Liebhabertheater". In der „Bettlerhochzeit" heißt es (S. 209): „Lassen wir diese frostigen
Winterblumen alten verliebten Gecken, die nach der
Schule lieben." Im „Fest der Liebe" äußert Anselmo
(S. 12) die Besorgnis, es möchte einer oder der
andere „eine Kunst zu lieben, oder gar eine Meta-
physik der Liebe zusammensetzen", und verkauft als
Wunderarzt (S. 166) „die Kunst, wie man in Spanien
tut lieben". Auch allgemeine Sentenzen über die
Liebe finden sich häufig. In „Koketterie und Liebe"
bemerkt z. B. Eduard: „Furcht setzt schon Neigung
voraus." Etwas breiter formuliert findet sich derselbe
Gedanke im „Fest der Liebe" (S. 41): „O, es ist nur
zu wahr, daß wer sich fürchtet zu lieben, schon liebt!"

Die Ansichten über die Ehe sind in den beiden
anonymen Stücken dieselben wie in den übrigen
Werken Wielands. Als Hauptgrundsatz gilt ihm,
daß die beiden Ehegenossen ihrem Charakter nach
nicht zu ungleichartig sein dürfen. So begründet
Sophie den Korb, den sie Williams erteilt, mit folgenden Worten: „Wir taugen nicht füreinander;
unsere ganze Art, zu fühlen und zu sein, ist ver-

schieden, ja entgegengesetzt." In der „Bettlerhoch=
zeit" (S. 239) gibt Robin seiner Tochter den Rat:
„Laß deinen künftigen Mann dir weder zu ähnlich
noch zu ungleich sein, denn das letzte erzeugt Feind=
seligkeit und Widerspruch." Und im „Fest der Liebe"
meint einer der Gäste, sein Verhältnis zu einer ge=
wissen Dame sei „zu ungleichartig", um ihn binden
zu können (S. 84). Überhaupt räumt Wieland dem
Weibe in der Ehe wie im Leben die zweite Stelle
ein. Deshalb zieme es dem Weibe auch nicht,
seine Liebe zu gestehen: „Dem Manne ziemt Ge=
ständnis seiner Wahl ..., das Weib ergibt sich nur
dem Liebenden," sagt Sophie in „Koketterie und
Liebe" zu Eduard (S. 77), und dem Grafen Schall
gegenüber äußert sie sich (S. 67): „Einem Weib ist
es nicht erlaubt, dem innern Aufruhr des Gemüts
durch Worte Luft zu machen; unsere Meinungen,
unsere stillen Wünsche müssen wir in unserer Brust
verschließen." An einer Stelle der „Dialogen" heißt
es: „Was dem Manne gebührt, steht darum dem
Weibe noch nicht wohl an" (S. 44), und bei einer
anderen Gelegenheit klagt Konstanze (S. 70), es sei
hart, „zu fühlen, was man nicht gestehen darf".
Allerdings sei dies früher ganz anders gewesen als
jetzt, wo „die Eitelkeit und die Mode die Welt re=
gieren" (Koketterie und Liebe S. 78). Und ähnlich
sagt Alessandro in dem einen der beiden Dialoge
(S. 71): „Die Konvenienz, die Mode haben dieses
unnatürliche Gebot erschaffen." Auch an Klagen über

die Rücksichtslosigkeit der Männer fehlt es nicht von weiblicher Seite. So sagt Sophie (Koketterie und Liebe S. 102): „Zu euerm Eigentum möchtet ihr uns machen, der Listige und Gewandte verbirgt das so lange hinter schönen Worten und demütigen Gebärden, bis er seinen Zweck erreicht hat." Desgleichen beschwert sich im „Fest der Liebe" Wilhelmine (S. 149): „Die Männer haben weder Sinn für eine gänzliche Hingebung, noch verdienen sie sie durch Großmut, nichts gewinnt sie, nichts füllt sie aus, nur unsere Schwachheit gefällt ihnen, unedel lauern sie ihr auf und bestrafen uns dann für ihre eigene Schuld." Und in dem zweiten der beiden Dialoge beklagt sich Konstanze (S. 82): „Wir werden von euch mehr als Sachen denn als Wesen euersgleichen angesehen, und ihr erkennt nur unsere Persönlichkeit, um sie zu vernichten." In „Koketterie und Liebe" macht Graf Schall Sophie folgendes Kompliment (S. 67): „Nur wenige besitzen eine so glückliche Gemütsruhe wie Sie, schöne Sophie. Frei vom Sturm der Leidenschaften, die uns andere arme Sterbliche zerwühlen, pflücken Sie überall nur Blumen ..." Damit vergleiche man die Äußerung Bettinas: „Das Gemüt des Weibes ist selten getrübt und stürmisch, oder die leichten Wellen glätten sich doch bald wieder" (Dialogen S. 25) und Konstanzens Frage: „Wird unser reiner, frommer Sinn nicht durch eure finsteren Zweifel und Grübeleien und durch den Sturmwind eurer Leidenschaften getrübt und beunruhigt werden?" (ebenda S. 88).

Ich könnte noch ganze Seiten von derartigen Parallelstellen zitieren, könnte insbesondere noch darauf hinweisen, wie die Liebeserklärungen von Eduard und Williams sich später fast wörtlich wiederfinden, wie Ludwig Wielands Ansichten über den Adel, über Schauspieler, Schriftsteller, Gelehrte mit den in den beiden Lustspielen darüber vorgebrachten Urteilen sich vollständig decken, aber das scheint mir unnötig. Denn schon aus der von mir gebotenen Auswahl geht wohl ohne Zweifel hervor, was ich beweisen will: daß wir als Träger einer so übereinstimmenden Lebensanschauung, wie sie in den beiden Lustspielen und in den Schriften Ludwig Wielands gleicherweise zum Ausdrucke kommt, nicht zwei verschiedene Persönlichkeiten, sondern nur eine — eben Ludwig Wieland — annehmen dürfen.

Wenden wir uns nun den Motiven zu, aus denen die Handlung der beiden Lustspiele zusammengesetzt ist, und vergleichen wir sie mit den Motiven, die Ludwig Wieland in seinen beiden Lustspielen „Ambrosius Schlinge" und „Die Bettlerhochzeit", sowie in der Erzählung „Das Fest der Liebe" verwendet. Es ist höchst unwahrscheinlich, daß ein Mensch von der geringen dichterischen Begabung des jungen Wieland über einen sehr großen Schatz von solchen Motiven verfügt habe. Im Gegenteil, wir werden eher annehmen müſſen, daß er ſchon in ſeinen poetiſchen Erſtlingswerken ſich ſo ziemlich ver=ausgabt haben wird. Ein Blick auf die beiden ſtrit=tigen Luſtſpiele beſtätigt dieſe Annahme. Es gibt nicht ein einziges wichtigeres, und faſt gar kein Nebenmotiv in dieſen Stücken, das ſich in ſpäteren Schöpfungen Ludwig Wielands nicht wiederholte.

Auch hier werden einige markante Beiſpiele ge=nügen, um dieſe Tatſache als zweifellos feſtzuſtellen. So beſteht z. B. die Handlung der Bettlerhochzeit aus lauter Einzelheiten, die in anderem Zuſammen=hange früher zum Aufbau der Handlung in den beiden anonymen Luſtſpielen verwertet worden waren. Zwei junge reiche Leute aus der guten Geſellſchaft, Harry und Edgar, begeben ſich dort, als Bettler verkleidet, in das Haus des „Bettlerkönigs“ Robin, der dieſes Gewerbe nur mehr aus Paſſion betreibt, da er ja bereits einen ſorgfältig verwahr=ten Schatz zuſammengeſpart hat. Ebenſo benützen im „Liebhabertheater“ Karl und Emma die ſchwache Seite des Barons Eichthal, ſeine Paſſion für Theater=vorſtellungen im Hauſe, um ſich in der Verkleidung von Schauſpielern bei ihm Zutritt zu verſchaffen. Beide treten hier wie dort mit angenommenen Namen auf, die erſt zum Schluſſe als ſolche entdeckt werden, wie denn übrigens auch im „Ambroſius Schlinge“ der Name des Titelhelden ſich ſchließlich als ein falſcher herausſtellt. Beide Stücke ſpitzen ſich auf eine große Erkennungsſzene am Schluſſe zu, in der an den Tag

kommt, daß der eine der beiden unter falscher Flagge
Eingedrungenen der Sohn des nichts ahnenden Gast-
gebers ist.

Den Mittelpunkt der „Bettlerhochzeit" bildet
eine lang ausgesponnene Entführungsgeschichte. Edgar, der impulsivere von den beiden Freunden, hat
den ganzen Plan ausgeheckt, während der sanfte,
sentimentale Harry sich nur ungern für dieses un-
redliche Spiel gebrauchen läßt und mancher ener-
gischen Aufforderung des Freundes bedarf. Genau
ebenso steht das Verhältnis zwischen Roderigo und
Felix im Gegenspiel des „Liebhabertheaters". Die
Entführung selbst — an und für sich ein Lieblings-
motiv Wielands — findet sich bereits Zug um Zug
in „Koketterie und Liebe" vorgezeichnet, wo Williams
die widerspenstige Charlotte durch dieses radikale
Mittel in seine Gewalt bekommen will. Der Ent-
führungsplan ist in beiden Stücken höchst einfach.
Das betreffende Opfer soll durch vorgespiegelte Liebes-
beteuerungen in den rückwärts hart an der Straße
befindlichen Garten gelockt werden, auf ein verab-
redetes Zeichen springen dann plötzlich „zwei mas-
kierte Kerls" hervor, die die sich Sträubende mög-
lichst unauffällig und schnell fortzuschaffen haben.
In „Koketterie und Liebe" mißlingt das Attentat,
in der „Bettlerhochzeit" kehrt das vermißte Paar
gleich wieder freiwillig zurück. Noch auffälliger
ist die Übereinstimmung dieses Motivs zwischen
„Koketterie und Liebe" und „Ambrosius Schlinge",

wo in beiden Stücken der Anstifter der Entführung zum Schluß der Düpierte ist.

Der kurzsichtige Alte, der auch da noch nicht sieht, wo die anderen handelnden Personen bereits klar sehen, und der sich besonders über die Herzensneigungen seiner jüngeren Familienglieder wohl unterrichtet glaubt, während er gerade da nichts als Fehlschlüsse macht, diese konventionelle Figur kehrt in allen vier Stücken wieder. Besonders der alte Bettler Robin und Onkel Kornelius in „Koketterie und Liebe" können ihre Verwandtschaft nicht verleugnen. Beide spielen eine ziemlich klägliche Rolle. Sie wissen sehr wohl, daß ihre Töchter, beziehungsweise Nichten, vielumworben sind, und suchen die Wichtigkeit ihrer Person recht nachdrücklich zu betonen. In beiden Stücken wenden sich die verschiedenen Bewerber an den Alten um Unterstützung, und er sagt sie jedem skrupellos zu. Beide befinden sich dabei über die Absichten der Mädchen auf falscher Fährte, lassen sich aber um keinen Preis eines Besseren belehren. „Ich kenne das," erwidert der alte Robin auf derartige Vorstellungen, während Kornelius sie mit einem schmunzelnden: „Mich führt ihr nicht an" kurz abschneidet. Beide reden und hören gern davon, wie „gefährlich" sie in ihrer Jugend gewesen seien.

In allen hier herangezogenen Dichtungen des jungen Wieland bildet ferner, wie in den beiden anonymen Stücken, ein gastfreies Haus den Schauplatz der Handlung. Gewöhnlich kommt noch eine besondere

Veranlassung hinzu, welche die Gäste versammelt. So im „Liebhabertheater" die geplante Aufführung, in „Koketterie und Liebe" der Geburtstag Sophies, in der „Bettlerhochzeit" die Hochzeit Tonys, im „Fest der Liebe" das Frühlingsfest. Die Gastfreiheit und Gutmütigkeit der Gastgeber wird aber oft mißbraucht. Ambrosius Schlinge ist das Prototyp eines Schmarotzers, der Graf Schall in „Koketterie und Liebe" ein — allerdings sehr aristokratischer — Ambrosius Schlinge. Beide werden zum Schlusse entlarvt, und zwar ist wieder der Vorgang hiebei ein ganz gleicher. In „Koketterie und Liebe" ist der Schauplatz der Entlarvung „ein Saal mit Zimmern im Hintergrund, zu beiden Seiten sind Kabinette", im Ambrosius Schlinge „ein Saal in Vinzents Hause, mit zwei Kabinetten zu beiden Seiten". In eines der beiden Kabinette wird nun der Übeltäter unter einem listigen Vorwand versteckt und beim Heraustreten gehen ihm dann die Augen über seine wahre Lage auf. Wir bemerken also hier dieselbe Armut an Erfindung neuer Situationen wie in den Entführungsszenen.

Auch der tolle absonderliche Williams, dieser „echte Sohn des Spleen", entspricht genau dem Bilde, das Wieland sonst von den Engländern entwirft. „Britannien ist das Land, wo das meiste vorgeht, wo täglich die abenteuerlichsten und tollsten Dinge geschehen Schon der Totengräber im Hamlet meint, in England wären sie alle etwas toll." So äußert sich Albert in dem einen der beiden Dialoge, und Eugenie bricht das Gespräch, das er auf die Engländerinnen gebracht hatte, mit den Worten ab: „Lassen wir die englischen Damen, sie machen mir Spleen." Auch der athletische Schwede Gustavson im „Fest der Liebe" hat einige Züge von Williams erhalten, besonders dessen Vorliebe für den Sport. Er bittet die von ihm verehrte Ottilie, mit ihm in seinem neuen Phaeton auszufahren, „er wolle zwei neue rasche Engländer zum ersten Male probieren", und in „Koketterie und Liebe" fordert Charlotte Williams auf, mit ihr auszureiten: „Ich will Ihren Wettrenner probieren." In eben dieser Novelle tritt auch ein Marquis auf, von dem es heißt: „Er hatte einige Sonderbarkeiten an sich, die man ihm zu gute hielt, weil er eben aus England kam."

Williams trägt Sophiens Farbe, ebenso trägt im „Fest der Liebe" jeder Herr „die Farbe seiner Dame". Kleist, den Wolff hier heranzieht, trägt dagegen nur ein Band, das ihm seine Braut um den linken Arm gewunden hat. In der genannten Erzählung liebt der schüchterne Thalheim die mutwillige Julie „oder, wie sie lieber hörte, Juliette". Auch die Baronesse Eichthal im „Liebhabertheater" will nicht mit ihrem gewöhnlichen Namen Brigitte gerufen werden und bittet ihren Bruder: „Nenne mich doch bei meinen andern, Isabelle oder Marie." Thalheim schreibt „dicke Bände voll Elegien und Nachtgedanken", Charlotte („Koketterie und Liebe") erzählt von einem ihrer

Verehrer: „Wenn ich traurig bin, so schreibt er Nachtgedanken." Als Thalheim von seiner Julie abgewiesen wird, macht er eine Reise, weil er „vergessen lernen" will. Diese Abreise wegen verschmähter Liebe spielt im „Fest der Liebe" überhaupt eine große Rolle. Von den drei Verehrern Wilhelmines reist der eine „plötzlich ab, und ließ nichts mehr von sich hören", der zweite kommt in Reisekleidern, um Abschied zu nehmen. „Erst um Mitternacht wollte er abreisen, und wünschte mich vorher zu sprechen." Auch Eduard Felseck in „Koketterie und Liebe" will abreisen, da er sich von Sophie einen Korb geholt hat. Gegen Mitternacht erscheint er in Reisekleidern: „Ich will sie noch einmal sehen, und dann zu Schiff." Und auf Sophiens Frage, was ihn denn zu dieser Reise zwinge, ist seine Antwort: „Nur vergessen lernen will ich." Er will nach der Neuen Welt, die auch das allerdings unfreiwillige Reiseziel des Ambrosius Schlinge ist.

Ein Maskenfest beschließt den Abend in „Koketterie und Liebe" wie im „Fest der Liebe". Dort ist die muntere Charlotte die Urheberin, weil sie sich davon das Beste für die Ausführung ihrer mutwilligen Pläne hofft. Das gleiche Motiv bewegt auch den Doktor Anselmo, eine Maskerade vorzuschlagen. Dieser Vorschlag „gefiel zuerst den Damen, denn alle Weiber lieben von Natur Verkleidungen". Charlotte erscheint dann mitten im besten Gange der Unterhaltung als Zigeunerin, Anselmo „phantastisch ge-

kleidet" als Wunderdoktor. Beide lassen ihre Laune und
ihren Witz an den neugierigen Gästen aus. Charlotte
„verläßt dann den Saal und kommt in ihrer vorigen
Kleidung wieder", Anselmo „war klug genug, sich
zeitig mit seinem Kram zurückzuziehen, und kam in
ehrlicher Pantalonstracht wieder herein". —

Daß von all diesen Motiven, deren Zahl ich leicht
hätte vermehren können, sich bei Kleist auch nicht
eine Spur findet, brauche ich wohl nicht erst zu
erwähnen[1]).

Nun kann es wohl keinem Zweifel mehr unter=
liegen, daß der Verfasser des „Ambrosius Schlinge",
der „Bettlerhochzeit" und der „Erzählungen und
Dialogen" und der Autor der beiden anonymen
Lustspiele eine und dieselbe Person sind. Was aus
den Briefen von Vater Wieland und dessen Sohne ganz

---

[1]) Nur auf einen ganz äußerlichen, aber, wie mir scheint,
nicht unwichtigen Umstand möchte ich hier noch aufmerksam
machen, nämlich auf die Szenenangaben am Schlusse des
Personenverzeichnisses der beiden Lustspiele. Im „Liebhaber=
theater" heißt es: „Die Szene ist zu Eichthal, auf dem Gute
des Barons", in „Koketterie und Liebe": „Die Szene spielt
in Kornelius' Hause." Ganz ebenso lautet es in den beiden
späteren Lustspielen Ludwig Wielands: „Die Szene ist
ein Saal, in Vinzents Hause" und „die Szene spielt in
der Gegend von London". Kleist dagegen leitet seine An=
weisungen nie mit diesen Worten ein. Bei ihm heißt
es: Das Stück spielt in ... (Fam. Schroffenstein), oder:
Die Handlung spielt in ... (Zerbr. Krug, Käthchen), oder
schlechtweg: Szene: (Penthesilia), oder die Bemerkung fehlt
gänzlich (Guiskard, Hermannsschlacht, Prinz von Hom=
burg).

deutlich hervorging, das ergibt sich nun mit zuver=
lässiger Sicherheit: „Das Liebhabertheater" und
„Koketterie und Liebe" sind Werke Ludwig Wie=
lands. Sprache, Stil, Gedankeninhalt und Motive
der Handlung haben sie als solche unwiderleglich ge=
kennzeichnet.

Nur ein sehr wesentliches Moment, das diese
beiden Lustspiele charakterisiert, wurde bis jetzt
von mir nicht berührt, ein Moment, das auch
für die Beweisführung Wolffs die Hauptgrundlage
bildet. Der Hinweis nämlich, daß uns in Eduard
Felseck „schlechtweg der ganze Heinrich v. Kleist"
entgegentrete. Besonders die Äußerung Sophies
über sein Benehmen: „Und was ist das anders als
Hochmut, der entweder alles oder nichts
besitzen will, und auch da ungestüm for=
dert, wo man nur durch Hingebung und
Bescheidenheit am meisten gewinnt," ist
schlagend, umsomehr, als sie sich fast wörtlich mit
der Charakteristik Kleists durch Tieck berührt, der in
der Einleitung zu seiner Kleistausgabe (S. XIV)
sagt: „Er wollte immer mit Gewalt und in
kurzer Zeit, mit Trotz, das erzwingen, was nur
Geduld, Ausdauer und Resignation auch dem aus=
gezeichneten Geiste gewähren können."

Ich bin in dem Auffinden Kleistischer Charakter=
züge noch weiter gegangen als Wolff und habe be=
sonders nachgewiesen, daß im „Liebhabertheater" der
Dichter Kleist aufs Korn genommen sei. Wolff aber

traut dem jungen Wieland diese Ergründung von
Kleists geheimsten Regungen nicht zu und blieb auch
in seiner Entgegnung auf meine Ausführungen (Bei=
lage zur Allg. Zeitung, 1898 Nr. 152) fest dabei, nur
Kleist selbst könne ein so getreues Bild von sich ent=
worfen haben, wie es vor allem in der Gestalt Eduard
Felsecks zum Ausdruck kommt. Wenn es nun gelänge,
nachzuweisen, daß Ludwig Wieland seinen Freund
Kleist auch in anderen Schriften charakterisiert hat, und
zwar womöglich mit denselben Mitteln und Worten
wie in den beiden Lustspielen, dann wäre die Kette
meiner Beweisführung geschlossen, und das Bild der
Persönlichkeit Wielands, wie es uns aus diesen beiden
Stücken entgegentritt, würde sich Zug für Zug mit
dem Bilde decken, das wir uns aus den späteren
Schriften von diesem Dichter entwerfen können.

Dieser Beweis ist nicht schwer. Auf eine aus=
gedehnte literarische Satire, wie sie das „Liebhaber=
theater" durchzieht, werden wir uns freilich ein zweites
Mal nicht gefaßt machen dürfen. Dennoch glaube ich
eine boshafte Anspielung auf die „Familie Schroffen=
stein" auch in einem späteren Werke Wielands, dem
„Fest der Liebe", wiederzufinden. Dort tritt der
Doktor Anselmo beim Maskenfest als Wunderarzt auf
und verkauft allerlei hübsche Sachen, darunter: „Die
Kunst, wie man in Spanien tut lieben, Alles in
Bildern und Reimen mühsam beschrieben, 's kommt
von einem ganz neuen Dichter, Drum nehmt vor=
lieb und schneid't keine Gesichter." Umso reicher

sind die Züge zur Charakteristik des Menschen Kleist verstreut. Fast jeder Liebhaber ist bei Ludwig Wieland ein Stück Eduard Felseck. In der „Bettlerhochzeit" wirft z. B. Harry seiner Geliebten vor, daß sie „viel zu spröde, viel zu wenig unterwürfig" sei, und sie klagt: „Stolzer Mensch, der du nie um Liebe betteln kannst." Auch an Eduard tadelt Sophie seinen „Stolz gegen Weiber". Aber es bleibt nicht bei solchen allgemeinen Zügen. Im „Fest der Liebe" scheint Louis seinem Freundschaftsbunde mit Kleist und Geßner ein Denkmal gesetzt zu haben. Eine junge Witwe namens Wilhelmine erzählt hier von drei Freunden, die in ihr Leben bedeutsam eingriffen. Mit dem einen von ihnen, Sylva, ist wohl Heinrich Geßner gemeint, doch vermag ich nicht anzugeben, ob die hier vorgebrachte Schilderung seiner Person und seines Wesens mit etwa vorhandenen Schilderungen Geßners übereinstimmt. Sehr gut gelungen ist dagegen Wielands Selbstporträt, wenn man es mit den von mir oben mitgeteilten Außerungen des Vaters über den Sohn vergleicht. „Paulins Physiognomie," heißt es da, „war mehr verborgen, zusammengehalten und besonnen, doch hatte er einen spöttischen, etwas komischen Zug im Gesicht, der ihn verriet und ihm gar nicht wohlstand, wenn er Empfindungen ausdrücken wollte."

Am ausführlichsten aber verweilt Wieland bei dem dritten, in dem ich Kleistische Züge zu finden glaube. Wohl mit Bezug auf den „Robert Guiskard", an dem

Kleist gerade damals mit Aufgebot aller Kräfte ar=
beitete, nennt er ihn Robert. „In Roberts Gesicht
konnte man nichts lesen, als suchende Unruhe und
Leidenschaftlichkeit, seine Züge waren immer gespannt,
sein Körper in steter Bewegung, und sein ganzes
Wesen in solch ewigem Wechsel, daß ich ihn lange
Zeit wie ein Rätsel anstaunte ... Robert, von dem
beide mir viel Wunderliches erzählt hatten, war mir
gleich bei seiner ersten Erscheinung sehr aufgefallen.
Er schien etwas verlegen und sprach doch sehr dreist,
seine Manieren waren höflich, ja galant, und doch
bekümmerte er sich um niemand. In seinen Urteilen
war er kühn, schneidend, immer die Extreme be=
rührend; von den gleichgültigsten Dingen sprach er
mit großem Eifer, und die wichtigsten Angelegen=
heiten schienen ihm nur zum Scherz da zu sein, da=
gegen konnte ihn ein einziges Wort, ein Ton, ein
Nichts in Feuer und Flamme setzen, er ward dann
wider seine Gewohnheit beredt, alles regte sich an
ihm und dehnte sich aus und vergrößerte sich und
bekam einen heroischen Ausdruck, den man gar nicht
in ihm gesucht hätte." Alles das stimmt auffallend
mit dem überein, was wir aus dem Munde anderer
über Kleist wissen. Ich will hier nur einiges davon
anführen. So sagt die Rahel (Galerie von Bild=
nissen 2, 91): „Seine Augen geben mir keine Sicher=
heit." Der alte Wieland berichtet über ihn und seinen
Verkehr zu Osmannstädt: „Desto zurückhaltender
war Kleist, und etwas Rätselhaftes, Geheimnis=

volles, das tiefer in ihm zu liegen schien, als daß ich es für Affektation halten konnte, hielt mich in den ersten zwei Monaten unserer Bekanntschaft in einer Entfernung, die mir penibel war." „Eine seltsame Art der Zerstreuung, wenn man mit ihm sprach," fiel ihm an seinem Gaste auf, „so daß z. B. ein einziges Wort eine ganze Reihe von Ideen in seinem Gehirn wie ein Glockenspiel anzuziehen schien, worauf er von dem, was man ihm sagte, nichts vernahm und also auch jede Antwort schuldig blieb." Bei Tische murmelte er häufig etwas zwischen den Zähnen und hatte dabei die Miene eines Menschen, „der sich allein glaubt oder mit seinen Gedanken an einem anderen Orte und mit ganz anderen Gegenständen beschäftigt ist." Auch in des jungen Wieland Novelle wird von Robert erzählt, er sei „ganz in Gedanken verloren und wie abwesend" gewesen. Zschokke fühlte sich ihm „wegen seines gemütlichen, zuweilen schwärmerischen, träumerischen Wesens" verwandt. Daß er „leicht verlegen ward", bestätigt Bülow (Kleists Leben und Briefe S. 74). Und Tieck schreibt über ihn (Hinterl. Schriften S. XXVIII): „Er schien ernst und schweigsam, keine Spur von vordringender Eitelkeit, aber viele Merkmale eines würdigen Stolzes in seinem Betragen."

Jeder Zweifel aber, ob hier eine beabsichtigte Schilderung Kleists vorliegt, oder ob wir es nur mit einem seltsamen Spiele des Zufalls zu tun haben, muß schwinden, wenn man den Schluß der erwähnten

Erzählung Wilhelminens liest: „Robert war jetzt allein übrig, er hatte nur noch mit Erinnerungen und Andenken zu kämpfen, die durch die bloße Zeit immer schwächer werden mußten, nur sein Ungestüm und der Trotz, mit dem er alles oder nichts begehrte, war ihm noch im Wege. Vielleicht hätte er endlich gesiegt, und wir wären glücklich geworden, aber seine Verhältnisse, seine Bestimmung riefen ihn anderswohin, er schrieb mir noch einmal sehr freundschaftlich und dann nicht mehr." Hier haben wir Zug für Zug die Liebestragödie Kleists vor uns. Wilhelmine, wie die Erzählerin, hieß seine Braut. Von der Schweiz aus war es zwischen ihnen zum Bruche gekommen, und Kleist hatte daher, als Ludwig Wieland ihn kennen lernte, tatsächlich „mit Erinnerungen und Andenken zu kämpfen". Den Freunden aber wird er sein Herz ausgeschüttet haben. Denn nur so kann man sich Ludwigs genaue Kenntnis der Einzelheiten erklären. Kleist hatte seiner Braut den Plan, nach der Schweiz zu ziehen, als einen Schritt dargestellt, zu dem ihn „zugleich Neigung und Notwendigkeit" führe, als den Schritt, der allein seinen „inneren Forderungen" entspreche. Und als Wilhelmine trotz alledem nicht darauf einging, schrieb er ihr aus seiner neuen Heimat noch einmal sehr freundschaftlich — und dann nicht mehr. Zu all diesen frappierenden Übereinstimmungen tritt dann noch die wörtliche Berührung in der Charakteristik Eduard Felsecks und Roberts.

Zu beiden Gestalten kann nur einer Modell gestanden haben, — Heinrich v. Kleist. Vollends die letzten Worte Wilhelminens aber, die über die weiteren Schicksale der drei Freunde berichten, kann man nur verstehen, wenn man das über Robert Gesagte auf Kleist bezieht. Es heißt dort: „Erst neulich hörte ich wieder etwas von den drei Freunden. Sylva (Geßner) hat sich verheiratet, Paulin (Wieland) streift in der Welt herum, und Robert (Kleist) ist ganz vom Ehrgeiz verschlungen.“ Wurden ja doch diese Zeilen fast zu der gleichen Zeit geschrieben, als Kleist, am Guiskard sich mühend, seiner Braut schrieb: „Ihr Frauen versteht in der Regel ein Wort in der deutschen Sprache nicht, es heißt: Ehrgeiz,“ und als er Ulriken gegenüber in die rührende Klage ausbrach: „Ach, es ist unverantwortlich, den Ehrgeiz in uns zu erwecken, einer Furie zum Raube sind wir dahingegeben.“ —

Demselben Wieland aber, der hier die geheimste Herzensgeschichte seines Freundes der Öffentlichkeit preisgegeben und dessen intimste Charakterzüge für die Gestaltung Roberts verwertet hat, demselben Wieland wird man wohl nun auch die im Vergleiche hiezu nur in den Hauptzügen nach Kleist modellierte Figur Eduard Felsecks zutrauen dürfen. Und wenn wir uns zum Schlusse erinnern, daß zwei Lustspiele für Ludwig Wieland im Jahre 1802 sicher feststehen, von denen wir überdies aus den Briefen seines Vaters bestimmt wissen, daß sie bei Geßner anonym

erſchienen ſind, wenn wir uns ferner vor Augen
halten, daß Sprache, Stil und Gedanken dieſer
beiden Stücke direkt auf Ludwig Wieland hinweiſen,
und daß faſt ſämtliche in ihnen verwendeten Motive in ſeinen ſpäteren Schriften wieder begegnen,
— dann muß für jeden, der ſehen will, die Tatſache unleugbar feſtſtehen: die von Eugen Wolff
herausgegebenen Luſtſpiele haben zu ihrem Ver-
faſſer nicht Heinrich v. Kleiſt, ſondern Ludwig
Wieland.

Guiskards Werden

„Jetzt erst öffnet sich mir etwas, das mich aus der Zukunft anlächelt, wie Erdenglück!" So schrieb Kleist aus Berlin bald nach seiner Rückkehr aus Würzburg; und als er fünfzehn Monate später im gastlichen Hause des alten Wieland der Vollendung seines „Robert Guiskard" zustrebte, da war es ihm, dem so selten im Leben ein Strahl des Glücks die Stirne streifte, wieder, als nähere er sich „allem Erdenglück". Waltet ein ursächlicher Zusammenhang zwischen diesen beiden Äußerungen? Gehörte die Gestalt des Normannenherzogs mit zu dem keusch verwahrten Vorrat von dichterischen Vorstellungen, die sich ihm auf jener Würzburger Reise wie eine neue Welt eröffneten? Wir wissen es nicht und stehen bei der Frage nach dem Zeitpunkte der Entstehung des Guiskard vor einem Rätsel. Kleist selbst macht die ersten geheimnisvollen Andeutungen erst aus Paris. „Ich habe mir in einsamer Stunde ein Ideal ausgearbeitet," schreibt er an seine Braut. „Aber ich begreife nicht, wie ein Dichter (hier spricht er zum ersten Male dieses Wort mit Beziehung auf sich aus) das Kind seiner Liebe einem so rohen Haufen, wie die Menschen sind, übergeben kann. Bastard nennen sie es. Dich wollte ich wohl in das Gewölbe führen, wo ich mein Kind, wie eine vestalische Priesterin das ihrige, heimlich aufbewahre bei dem Schein der Lampe." Erich Schmidt (Charakteristiken 1, 361) meint daher, Kleist habe den Guiskard 1801 in Paris begonnen. Auch Wilbrandt setzt, anknüpfend an die obige Briefstelle, Kleists erste Beschäftigung mit diesem Drama, wenngleich mit leisen Zweifeln, in die Zeit des Pariser Aufenthalts (Kleists Werke, Hempel S. XXIV, H. v. Kleist S. 152). Biedermann hingegen ist der entschiedenen Ansicht, daß Kleist seinen dichterischen Beruf überhaupt erst in der Schweiz recht erkannt habe (Kleists Briefe an seine Braut S. XVIII), hält es aber nicht für ausgeschlossen, daß einzelne Entwürfe zum „Robert Guiskard" „vielleicht schon" auf der Pariser Reise entstanden sein mögen (S. XXV). Zolling neigt gleichfalls zu der Vermutung hin, daß erst in der Schweiz die ersten Arbeiten am Guiskard entstanden seien, verklausuliert sich aber mit einem vorsichtigen: „wenn nicht schon früher" (Kleists Werke 2, 131). Diese Widersprüche mehren sich noch, wenn es sich darum handelt, den Zeitpunkt zu fixieren, wann der Gedanke, den Guiskardstoff zu bearbeiten, zum ersten Male in der Seele des Dichters auftauchte. Brahm schließt aus der merkwürdigen Ähnlichkeit der beiden eingangs zitierten Briefstellen, daß es sich auch das erste Mal, also in Berlin, schon um den Guiskard handle, aber er fügt hinzu: „es läßt sich nur unsicher vermuten" (H. v. Kleist S. 39). Und Zolling (Heinrich v. Kleist in der Schweiz S. 81) legt eine Äußerung Kleists vor seiner Pariser Reise: „Warum bin ich, wie Tankred, verdammt, das, was ich liebe, mit jeder Handlung zu verletzen?" dahin aus, daß „die Historie des Normannenherzogs, des Sohnes von Tankred von Hauteville und Oheims von Tassos Helden, ihm bereits damals (nämlich schon in Berlin) vorgeschwebt habe". Wie man sieht, befinden wir uns hier in einem Labyrinth widersprechender Vermutungen. Doch ist es nicht so unmöglich, als es auf den ersten Blick scheinen könnte, einen Ausweg aus diesem Labyrinth zu finden.

Wir stellen uns zunächst die Frage: Ist Kleists Robert Guiskard, wenigstens in seinen Hauptzügen, schon vor dem Pariser Aufenthalte entstanden? Eine Frage, mit deren bejahender Beantwortung alle übrigen Hypothesen von selbst wegfielen. Dabei scheint die von Zolling herangezogene Briefstelle eine wichtige Handhabe zu bieten, wenn wir uns auch seiner zwar sehr bequemen, aber etwas voreiligen Interpretation nicht anschließen. Denn es geht doch nicht an, aus der Nennung des Namens Tankred gleich den Schluß abzuleiten, daß dem Dichter die Geschichte Guiskards vorgeschwebt habe, weil der Vater und der Neffe Guiskards zufällig diesen Namen führten. Und dann: ist einer der beiden Tankred der Geschichte hier gemeint, oder der Tankred der Dichtung? Schwerlich einer der ersteren, denn auf sie bezogen hätte die in Frage

stehende Äußerung Kleists gar keinen Sinn. Wir
können sie nur verstehen, wenn wir dabei an den
Tankred in Tassos „Befreitem Jerusalem" denken.
Dort tötet Tankred die von ihm geliebte Clorinde,
ohne es zu ahnen, im Zweikampf und ergeht sich,
als er zur Erkenntnis seiner Tat gelangt, in Klagen,
die ganz auf den Grundton jenes Kleistischen Selbst=
vorwurfs gestimmt sind. (12. Gesang.) Aber nicht
genug daran. In einem Zauberwalde, von dessen
Spuk Tankred die Seinigen befreien will, verletzt
er zum zweiten Male die in einen Baum verwan=
delte Geliebte, die ihm nun schmerzlich zuruft:

Mit zu feindsel'gen Trieben
Verfolgst du mich, Tankred; doch jetzt laß ab!
Schon hast du aus dem Körper mich vertrieben,
Der, durch und für mich lebend, mich umgab,
Und quälst nun noch den Stamm mit deinen Hieben,
Den mir ein hart Geschick zur Wohnung gab?
Auch nach dem Tode noch fühllos Verwegner!
Bis in ihr Grab verfolgst du deine Gegner? (XIII, 42.)

Kein Zweifel also: nur dieser Tankred kann in dem
Briefe Kleists gemeint sein. Daß Kleist Tassos Ge=
dicht kannte, darf man übrigens auch ohne diese Brief=
stelle getrost annehmen. Denn verschiedene über=
einstimmungen in Dichtungen Kleists mit dem „Be=
freiten Jerusalem" weisen mit Sicherheit darauf hin.

　　So hat Weißenfels in seinem Aufsatze „Der Tod
der Penthesilea" (Zeitschrift für vergleichende Litera=
turgeschichte 1, 273 ff.), die Bekanntschaft Kleists mit
Tasso nachdrücklich betonend, auf die Ähnlichkeit hin-

gewiesen, die zwischen Tankred und Achill einerseits, Clorinde und Penthesilea anderseits besteht. Zwischen den beiden Figuren bei Tasso „tobt trotz gegenseitiger Liebe derselbe Kampf bis in den Tod, wie bei Kleist zwischen Achilles und Penthesilea". Auch die Schilderung des ersten Zusammentreffens im Kampfe weise in beiden Gedichten Übereinstimmungen auf. Endlich konnte auch das Verhältnis zwischen Armida und Rinaldo mit seinem jähen Wechsel von Liebe und Haß auf den deutschen Dichter von Einfluß gewesen sein.

Eine genauere Vergleichung der beiden Dichtungen bestätigt und befestigt noch die Darlegungen Weißenfels'. Schon Niejahr (Vierteljahrschr. für Literaturgesch. 6, 520) hat bemerkt, daß es den Anschein erweckt, als ob sich dem Dichter der Penthesilea „unvermerkt die antik-heroische Welt in die romantischen Zeiten mittelalterlichen Rittertums verwandelte". Und in der Tat rufen besonders die Kampfszenen des Stückes diesen Eindruck hervor. „Lautschmetternd durch Trompeten" fordern die Griechenfürsten ihre Gegner zum Kampfe (V. 551). Achill steht da, „in Stahl geschient sein Roß" (V. 1038), und erwartet die kriegerische Jungfrau, die „in dem goldnen Kriegsschmuck funkelnd voll Kampflust ihm entgegen tanzt" (V. 1058 f.). Ganz ähnlich schildert auch Tasso die Kämpfe zwischen Tankred und Clorinde. „Mit vorgelegten Lanzen" begegnen sich Achill und Penthesilea bei Kleist (V. 1122), so wie Clorinde „den

Speer gefällt" rasch auf Tankreden losstürmt (III, 21). Bei Kleist werden die Streitenden „zween Donner= keilen" verglichen, „die aus Gewölken ineinander fahren" (V. 1023 f.), bei Tasso rennen sie zusammen „wie zwei Stiere, wenn sie von Eifersucht und Zorn entflammen" (XII, 53). „Die Lanzen, schwächer als die Brüste, splittern," heißt es ferner bei Kleist (V. 1125), und ähnlich bei Tasso (III, 21): „In alle Winde fliehn Splitter auf."

Die näheren Umstände also, unter denen die Kämpfe zwischen Achill und Penthesilea vor sich gehen, erinnern eher an die Turniere des Mittel= alters als an die Zweikämpfe, wie sie uns etwa in der Jlias geschildert werden. Und das Vorbild, das dem Dichter dieses Abgehen von der streng antiken Anschauungsweise erleichterte und nahelegte, ist das Epos Tassos, das ja gleichfalls zum Teil aus an= tiken Quellen schöpfte und diese im Sinne der da= maligen Zeit umgestaltete.

Noch ein anderer Punkt scheint mir von beson= derer Wichtigkeit: Niejahr bemüht sich in seiner oben angeführten Quellenuntersuchung alle die Motive aus verschiedenen antiken Überlieferungen aufzu= decken, die Kleist in der Fabel seiner „Penthesilea" kunstgerecht verwoben hat. Nur für das Motiv des Rosenfestes bietet sich ihm kein fester Anhaltspunkt in der Tradition. „Die Jdee des Rosenfestes, welcher einige der anmutigsten Szenen unseres Stückes, ja Kleistischer Poesie überhaupt zu ver=

danken sind, gehört" — so meint Niejahr — „ganz dem Dichter an. Will man nach einem Ursprung derselben suchen, so mag man ihn finden in der Bemerkung des Strabo, daß das Liebesfest der Amazonen stets im Frühling gefeiert wurde, womit im allgemeinen die Vorstellung von Blumen und Kränzen gegeben war" (a. a. O. S. 515 f.). Das Künstliche einer solchen Konstruktion fällt sofort auf. Niejahr aber kommt mehrmals auf sie zurück und scheint somit Gewicht auf sie zu legen. Wenn sich nun wirklich bei Kleist aus der ganz allgemeinen Vorstellung des Frühlings bei Strabo die Schilderung des Rosenfestes mit all ihren Einzelheiten entwickelt hätte, dann dürfte man kaum mehr von einem Ursprung der Idee bei Strabo reden, und Niejahr konnte sie getrost auch ohne diesen Vorbehalt als die freie Erfindung des Dichters ansprechen. Dies scheint aber hier gar nicht der Fall zu sein, denn das Motiv, daß ein kriegerisches Weib sich ihren Gatten in der Fremde erobert und ihn mit Rosenketten gefesselt in ihre Heimat bringt, findet sich gleichfalls schon bei Tasso vor. Armida, eine Amazone wie Clorinde, setzt sich dort, allerdings durch List, in die Gewalt ihres Gegners Rinaldo, an dem sie sich rächen will. Wie sie aber den Schlafenden erblickt, löst sich „ihre Feindschaft auf in Liebe".

Schön blühende Ligustern, Lilien, Rosen,
Die sie dem lieblichen Gestad' entrafft,
Verflicht sie nun mit neuer Kunst zu losen,

Doch zähen Banden von gewalt'ger Kraft.
Hals, Arm' und Füße des Verteid'gungslosen
Umwindet sie und hält ihn so in Haft,
Läßt ihn im Schlaf auf ihren Wagen bringen
Und eilt, mit ihm sich in die Luft zu schwingen. (XIV, 68.)

Und nun geht es fort nach einem fernen Eiland, wo sie mit dem Geliebten in der Einsamkeit die Freuden der Liebe genießen will.

Ganz ähnlich ist die Situation bei Kleist, wo Penthesilea vom Rosenfest erzählt. Achill sitzt wehrlos ihr zur Seite und Penthesilea umschlingt ihn mit Rosen, denn sie glaubt, daß er ihr Gefangener sei.

Hier diese leichte Rosenwindung nur
Um deine Scheitel, deinen Nacken hin —
Zu deinen Armen, Händen, Füßen nieder —
Und wieder auf zum Haupt — — so ist's geschehn.
(V. 1776—1779.)

Auch sie freut sich schon des ungetrübten Glücks, das ihr nun an seiner Seite in der Heimat blühen wird, und will „jetzt gleich" die Reise nach dem fernen Themiscyra antreten. Daß Kleist diesen Einzelfall verallgemeinerte und das Vorgehen Penthesileas, als religiöse Zeremonie eines ganzen Volksstammes hinstellte, lag ganz nahe, viel näher jedenfalls, als daß er aus der einfachen Erwähnung des Frühlings bei Strabo zu einem Motive gelangt wäre, das mit dem Frühling eben nur die Vorstellung „Rose", sonst aber auch gar nichts gemein hat.

Noch eine Gestalt, die im Epos Tassos eine be-

deutende Rolle spielt, scheint auf Kleist poetisch be=
fruchtend eingewirkt zu haben. Wir wissen, daß er
sich zu der Zeit, wo er am Guiskard arbeitete, mit
dem Plane eines Dramas „Peter der Einsiedler"
trug. Leider ist dies aber auch alles, was wir
darüber wissen. Daß ihm der historische Peter von
Amiens nur dürftiges Material bot, liegt auf der
Hand. Dazu kommt noch Kleists souveräne Art
mit der geschichtlichen Überlieferung zu schalten. Er
nahm sich immer nur das aus ihr heraus, was ihm
in seinen Zusammenhang paßte, und machte sich ge=
legentlich kein Gewissen daraus, die historische Tra=
dition auf den Kopf zu stellen. Der Peter Tassos
aber lieferte ihm zur wirksamen Auskleidung des
überkommenen Stoffes einen Zug, den sich der
Dichter des „Käthchen von Heilbronn" und des
„Prinzen von Homburg" gewiß nicht hätte entgehen
lassen. Er ist nämlich eine visionäre Natur, die
außerdem durch ihre Gabe, in die Zukunft zu blicken,
den Kreuzfahrern wesentliche Dienste leistet. Wenn
Kleist wirklich hiedurch zu der Wahl gerade dieses
sonst ziemlich undankbaren Stoffes verleitet worden
ist, dann hätten wir schon hier jene Vorliebe für das
Okkultistische zu verzeichnen, die bereits in seinem
ersten Stücke, den Schroffensteinern, leise anklingt
und in späteren Dramen noch mehr zur Geltung
gelangt. Doch das ist, wie gesagt, nichts als eine
Vermutung, die nur in der späteren Art Kleists
einige Begründung findet.

Fügen wir nun noch hinzu, daß nach Weißenfels (a. a. O. S. 292) auch die bekannte Episode von Olinth und Sophronia auf Kleists Novelle „Der Zweikampf" eingewirkt habe, so drängt sich von selbst die Frage auf, ob denn nicht auch die Hauptgestalt der Dichtung Tassos, jene Gestalt, nach der er sein Epos zuerst benannt hatte, ob nicht auch Gottfried v. Bouillon auf Kleist dichterische Anregung ausgeübt habe. Und wir sind zu dieser Frage umsomehr berechtigt, als ein Charakter wie der Gottfrieds ihn damals mehr als irgend ein anderer anziehen mußte und seiner ganzen damaligen Seelenstimmung mehr denn je entsprach. Ein Einblick in diese Seelenstimmung wird dies sofort klarmachen.

Kleist war von Würzburg als ein völlig anderer nach Berlin zurückgekehrt. „Jetzt hat sich die Sphäre für meinen Geist und für mein Herz ganz unendlich erweitert — das mußt Du mir glauben, liebes Mädchen," schreibt er seiner Schwester kurz nach seiner Rückkehr. Ihn erwärmt ein höheres Feuer, — das Feuer der Dichtkunst, wie wir ruhig annehmen dürfen. „Solange die Metallkugel noch kalt ist, so läßt sie sich wohl hineinschieben in das enge Gefäß, aber sie paßt nicht mehr dafür, wenn man sie glühet — fast wie ein Mensch nicht für das Gefäß eines Amtes, wenn ein höheres Feuer ihn erwärmt" (Koberstein S. 39). Drum fühlt sich Kleist jetzt auch „mehr als jemals abgeneigt, ein Amt anzunehmen" (Koberstein S. 39, Biedermann S. 109).

Freilich konnte die Würzburger Stimmung nicht beständig anhalten. Dort war ihm der Sinn für die Schönheit der Landschaft aufgegangen, dort war er, wie er selbst gesteht, zum ersten Male auf den Gedanken gekommen, „bei der großen Lehrmeisterin Natur in die Schule zu gehen". In seiner sandigen märkischen Heimat aber, besonders in der „volkreichen Königstadt", fand sein Natursinn nicht mehr so reichliche Nahrung, hier fesselte ihn die Außenwelt nicht so sehr, und so ward Kleist wieder auf sich selbst zurückgelenkt. Hatte er doch seit jeher eine krankhafte Sucht, sein eigenes Ich zu zerfasern. Und so stellte er sich jetzt, da ihm die Zukunft dunkler war als je vorher, da er noch ganz ungewiß war, welchen Lebensweg er einschlagen sollte (Koberstein S. 40, 42), als nächstes und wichtigstes Ziel die Ausbildung seines Ichs. Er strebt nach Bildung, um sich selbst „eine Stufe näher der Gottheit zu stellen" (Biedermann S. 111), er strebt nach Wissen, „weil Wissen Wahrheit ist" (Koberstein S. 43). Und mit dem ihm eigenen Übereifer, mit dem er alles an die Erreichung eines Zieles setzte, wirft er sich auf die Kantische Philosophie, die schon früher sein Interesse erregt hatte. Freilich, eine unglücklichere Wahl hätte der nach objektiver Wahrheit Suchende nicht treffen können, und die Folgen seines Mißgriffes sollten nicht lange auf sich warten lassen. „Wenn alle Menschen statt der Augen grüne Gläser hätten," schreibt er am 22. März 1801 seiner Braut, „so würden sie urteilen müssen,

die Gegenstände, welche sie dadurch erblicken, seien grün
— und nie entscheiden können, ob ihr Auge ihnen
die Dinge zeige, wie sie sind, oder ob es nicht etwas
zu ihnen hinzutue, was nicht ihnen, sondern dem
Auge gehöre. So ist es mit dem Verstande. Wir
können nicht entscheiden, ob das, was wir Wahrheit
nennen, wahrhaft Wahrheit ist, oder ob es uns nur
so scheint. Ist's das letztere, so ist die Wahrheit,
die wir hier sammeln, nach dem Tode nichts mehr —
und alles Bestreben, ein Eigentum sich zu erwerben,
das uns in das Grab folgt, ist vergeblich." — Eine
solche Erkenntnis mußte auf eine Natur wie Kleist
niederschmetternd wirken. Er war zu jeder Arbeit
unfähig, vergeblich waren seine Bemühungen, sich zu
ihr zu zwingen oder durch Lektüre zu zerstreuen.
Auch sein einziger Freund Brockes hatte inzwischen
Berlin verlassen, und so war Kleist sich selbst über=
lassen, und fort und fort verfolgte ihn der eine
Gedanke: „Mein einziges, mein höchstes Ziel ist ge=
sunken!" (Koberstein S. 52, Biedermann S. 165.)
Die Wahrheit, die sein eigenes Ich hätte lenken
sollen, hatte sich als Truggebilde erwiesen, das Ge=
bäude, das Phantasie und Reflexion ihm errichtet
hatten, stürzte krachend zusammen, und wie der welt=
entrückte Idealist Tasso bei Goethe schließlich die
rettende Hand des Weltmannes Antonio ergreift, so
klammert sich Kleist, als er den Boden der Wirk=
lichkeit unter den Füßen verliert, an den früher von
ihm beharrlich abgelehnten Wahlspruch seines prak=

tischeren Freundes Brockes: Handeln ist besser als
Wissen. Der handelnde Mensch wird ihm jetzt Ideal
gegenüber dem wissenden, und bis spät in seine
Pariser Zeit hinein gibt er dieser neugewonnenen
Anschauung Ausdruck[1]).

Solch ein „handelnder" Mensch war aber Tassos
Gottfried v. Bouillon. Wie Guiskard steht er, fern
von der Heimat, an der Spitze eines bunt zusammen=
gewürfelten Heeres vor den Mauern einer sagenum=
kränzten Stadt, er kennt nur ein Ziel: diese Stadt
zu erobern, und läßt sich in seinem Vorhaben durch
nichts wankend machen. Er ist sich der Schwere
seiner Aufgabe vollkommen bewußt, deren Lösung
er nur durch das feste Vertrauen auf seine göttliche
Sendung für möglich hält. Ein Heerführer, dem
dieses Vertrauen fehlte, würde nur Trümmer auf=
häufen,

wovon begraben,
Er selbst ein Grab sich wird erbauet haben. (I, 25.)

Und so meint auch die Menge in Kleists Guiskard,
der das stolze Selbstvertrauen des Führers abgeht:

Und er erobert,
Wenn er nicht weicht, an jener Kaiserstadt
Sich nichts, als einen prächt'gen Leichenstein! (V. 28—30.)

---

[1]) So schreibt er seiner Braut noch aus Paris (10. Oktober
1801. Biedermann S. 222): „Ich kann Dir nicht beschreiben,
wie ekelhaft mir ein wissender Mensch ist, wenn ich ihn mit
einem handelnden vergleiche. Kenntnisse, wenn sie noch einen
Wert haben, so ist es nur insofern sie vorbereiten zum
Handeln."

Eine Hungersnot bricht im Lager der Kreuzfahrer aus, aber dem Feldherrn gelingt es, seine Soldaten durch Zuspruch wieder aufzuheitern. Schwieriger gestaltet sich seine Lage, als allgemeine Dürre weit und breit sich über das Land legt und jegliche Tatkraft lähmt. Einzelne Abteilungen kehren in die Heimat zurück, die Krieger werden verzagt und verzweifeln am Siege:

> „Was hofft Bouillon? Was zögert er so lange,
> Bis hier sein ganzes Volk den Tod empfange?" (XIII, 64.)

Und so klagt auch das Volk im „Guiskard":

> Wenn er der Pest nicht schleunig uns entreißt,
> Die uns die Hölle grausend zugeschickt,
> So steigt der Leiche seines ganzen Volkes
> Dies Land ein Grabeshügel aus der See! (V. 10—13.)

Schließlich kommt es sogar zu offenem Aufruhr im Lager. Ein Teil des Heeres, durch die lange Dauer der Belagerung und andere Vorkommnisse mißmutig gemacht und durch den Ränkeschmied Argillan aufgewiegelt, greift zu den Waffen und sendet, wie bei Kleist, eine Abordnung zum Zelte des Feldherrn. In Harnisch und faltigem Prunkgewand, wie Guiskard, erscheint der Gesuchte vor dem Volke, das bei beiden Dichtern dem wogenden Meer verglichen wird. Freundlich, aber fest tritt er ihm entgegen, wie bei Kleist der Normannenherzog, und vermag durch die bloße Macht seiner Persönlichkeit alles im Keime zu ersticken. Der Lauteste von allen, Argillan, der Rädelsführer, ist still geworden und „erbebt vor eines Blickes Richtung" (VIII, 81), so wie bei Kleist Abälard, der die Nachricht von der Erkrankung Guiskards unter das Volk gestreut hatte, durch den bloßen Blick seines Oheims gebannt wird.

Eine so mächtige Heldengestalt war in hohem Grade dramatisch, besonders anziehend aber für Heinrich v. Kleist. Denn er bevorzugte in seinen Dichtungen diese handelnde Leidenschaft, diesen auf ein festes Ziel konzentrierten Willen — man denke an Achill, Penthesilea und Michael Kolhaas —, und deshalb konnte und mußte auch die Gestalt des Tassoschen Gottfried auf den am Eingange seiner dichterischen Laufbahn stehenden Kleist, der noch dazu eben erst auf Grund trüber Erfahrungen zu einer ähnlichen Lebensphilosophie gelangt war, anregend einwirken. Ihn selbst aber konnte er dramatisch nicht verwerten, denn ihm fehlte ein wesentlicher, vielleicht der wichtigste Zug, — er war kein tragischer Held. Seine Willenskraft hätte an irgend einem unüberwindlichen Hindernisse zerschellen müssen; Gottfried aber räumt alle, auch die schwierigsten hinweg, denn er ist von Gott für die Vollendung seiner schweren Aufgabe ausersehen. Solch ein tragischer Held aber war Robert Guiskard, der nach Kleists von der Geschichte abweichender Darstellung hart vor seinem Ziele dem unerbittlichen Geschick erliegt.

Wie Kleist von Gottfried auf Guiskard gekommen, dafür bieten sich zwei Möglichkeiten. Entweder kannte er die Geschichte des Normannenfürsten be-

reits und ward durch die Lektüre Tassos wieder
direkt auf ihn zurückgeführt, oder das Gedicht Tassos
veranlaßte ihn zu einem eingehenderen Studium
der Kreuzzüge (dafür würde auch seine Beschäftigung
mit Peter von Amiens sprechen), wo ihm dann, wie
z. B. in dem von Schiller herausgegebenen Memoiren-
werke der Anna Komnena, das Leben und die Taten
Guiskards in breiter Ausführlichkeit entgegentraten.
Die Beantwortung dieser offenen Frage ist übrigens
ziemlich belanglos. Ebenso gleichgültig ist es, wann
Kleist mit dem Guiskardstoff bekannt wurde. Für
uns ist es nur von Bedeutung, wann dieser Stoff
in der Seele des Dichters neu erlebt und gewissermaßen neu geboren wurde, und warum er gerade
den Guiskard dichterisch zu verarbeiten unternahm.
Hiefür ist es nun wichtig, daß Kleist bei der Bearbeitung des Guiskardstoffes fast vollständig von
der Überlieferung der Geschichte abweicht, und zwar
nach einer Seite hin, die, wie wir sahen, mit dem
Hauptinhalte des Gedichtes von Tasso merkwürdige
Analogien aufweist. Dieses Abgehen vom Gegebenen,
diese Anlehnung an Tasso zeigen aber deutlich, was
nötig war, um dem Dichter die Gestalt des Guiskard unter dem Gesichtswinkel des Tragischen erscheinen zu lassen. Denn es unterliegt keinem Zweifel,
daß ihm damals eine ganz eigene Art von Tragik
vorschwebte, die sich im Guiskard entfalten sollte,
eine Tragik, die in seiner damaligen Lebensanschauung
tief begründet war. Und wir werden verstehen,

warum der Dichter, angeregt durch sein berühmtes italienisches Vorbild, gerade diesen Stoff zur Bearbeitung wählte, wenn wir ein wenig ausgreifen und die damaligen Anschauungen Kleists über das Tragische im Menschengeschick an der Hand seiner Briefe verfolgen.

Kleist hatte früher eine stolze Meinung von der Stellung des Menschen im Weltall gehabt. „Eine sklavische Hingebung in die Launen des Tyrannen Schicksal ist eines freien, denkenden Menschen unwürdig," schreibt er seiner Schwester Ulrike (Koberstein S. 17). „Ein freier, denkender Mensch bleibt da nicht stehen, wo der Zufall ihn hinstößt; oder wenn er bleibt, so bleibt er aus Gründen, aus Wahl des Bessern. Er fühlt, daß man sich über das Schicksal erheben könne, ja, daß es im richtigen Sinne selbst möglich sei, das Schicksal zu leiten." Nichts scheint ihm verächtlicher als der unwürdige Zustand, „ein Spiel des Zufalls, eine Puppe am Drahte des Schicksals" zu sein (a. a. O. S. 20). Wie kleinmütig ist er aber seit seiner Berliner Katastrophe geworden, wie ganz anders lauten jetzt seine Ansichten über Willensfreiheit! Auch hier sprang Kleist, wie so oft, von einem Extrem ins andere über und erblickte nun darin das eigentlich Tragische des Menschengeschicks, daß der Mensch von einer Art unabänderlichen Fatums abhänge. „Ach, Wilhelmine, wir dünken uns frei, und der Zufall führt uns allgewaltig an tausend feingesponnenen Fäden fort." So klagt er seiner Braut (9. April 1801. Biedermann S. 172), und wenige Tage später findet er diese ganze Periode in seinem Leben „und dieses gewaltsame Fortziehen der Verhältnisse zu einer Handlung, mit deren Gedanken man sich bloß zu spielen erlaubt hatte," äußerst merkwürdig (24. April 1801. Biedermann S. 176). Rousseau und Schillers Wallenstein sind in dieser Zeit seine Lieblinge, und er, der sonst nie über seine Lektüre zu sprechen pflegt, empfiehlt die beiden mit warmen Worten seinen gelehrigen Schülerinnen. Nichts ist bezeichnender als diese Vorliebe. Hatte doch Rousseau zuerst den Gedanken ausgesprochen, der Kleist jetzt bittere Wahrheit schien: daß die Wissenschaften den Menschen nicht glücklich machen, und war doch Wallenstein geradezu der Typus eines Menschen, der durch die Macht der Verhältnisse mehr als auf Grund eines vorher überlegten Planes zu einer Handlungsweise gedrängt wird, mit deren Gedanken er anfangs nur gespielt hatte [1]). Aber selbst bei Beurteilung von Begebnissen des alltäglichen Lebens konnte sich Kleist von dieser fatalistischen Anschauungsweise nicht losmachen. Freilich mußte er gerade damals so recht

---

[1]) Vgl. Wallensteins Tod. 1. Aufzug, 4. Auftritt:
Wär's möglich? Könnt' ich nicht mehr, wie ich wollte?
Nicht mehr zurück, wie mir's beliebt? Ich müßte
Die Tat vollbringen, weil ich sie gedacht...
Beim großen Gott des Himmels! Es war nicht
Mein Ernst, beschloßne Sache war es nie.
In dem Gedanken bloß gefiel ich mir u. s. w.

deutlich an sich selbst erfahren, daß der Mensch nicht unumschränkter Herr der Verhältnisse ist. Er wollte heraus aus seiner jetzigen Umgebung, um in der Fremde sich selbst wiederzufinden, und nun mußte er, ein altes Versprechen einlösend, seine Schwester Ulrike mit auf die Reise nehmen, er, der ganz sich selbst überlassen die Lösung des dunkeln Rätsels finden wollte, das die Zukunft ihm stellte. Um Pässe zu erhalten, mußte er einen bestimmten Reisezweck an= geben, und er, den doch ein Ekel vor aller Wissen= schaft erfaßt hatte, führte — mathematische und naturwissenschaftliche Studien an. Die Folge davon war, daß er von allen Seiten Empfehlungen an französische Gelehrte erhielt, und nun hatte er die Aussicht, in eben jenen Kreis von „kalten, trockenen, einseitigen Menschen" hineinzugeraten, aus dem zu flüchten er gerade im Begriffe stand. „Ich mußte also nun reisen, ich mochte wollen oder nicht, und zwar nach Paris, ich mochte wollen oder nicht" (Biedermann S. 172). Was lag näher, als daß ein Mann mit solchen Erfahrungen an einem so ent= scheidenden Punkte seines Lebens sich einer fata= listischen Weltanschauung zuneigte, wenn er nicht schon von ihr erfüllt war[1])? Ihn erfaßt ein Gefühl der Angst. Das Bild des Meeres, jenes Meeres,

---

[1]) Mickiewicz sagt einmal: „Wenn der Mensch das Ge= heimnis seiner Bestimmung verliert und noch nicht auf= gehört hat, an das Dasein einer übersinnlichen Welt zu glauben, so muß er notwendig Fatalist werden."

das ja auch im Guiskard bedeutungsvoll im Hinter=
grunde rauscht, tritt vor seine Seele, und er ver=
gleicht sich dem Schiffer, der sich unbedacht in die
Mitte der See gewagt hat und nun dem Toben des
Sturmes preisgegeben ist. Wilhelmine ist die ein=
zige, der er sich anvertrauen kann, und ihr schüttet
er sein ganzes Herz aus. „Ich will Dir erzählen,
wie in diesen Tagen das Schicksal mit mir gespielt
hat." So beginnt er seine Beichte und berichtet von
der ursprünglichen Veranlassung seiner Reise und
wie die Dazukunft Ulrikes deren eigentlichen Zweck
zu vereiteln drohte. Und die Mitteilung über die
Beschaffung von Pässen und die notgedrungene An=
gabe eines Reisezwecks leitet er mit den Worten ein:
„Doch höre, wie das blinde Verhängnis mit mir
spielt." In diesem Abschiedsbrief an Wilhelmine
erreicht die fatalistische Stimmung Kleists ihren Höhe=
punkt. Aber sie sollte ihn auch auf seiner ganzen
Reise begleiten[1]). Die Einzelheiten dieser Reise zu
schildern, ist nicht die Aufgabe dieser Darstelluug.
Wichtig für diese ist, daß auf der Reise, die ja in
die schönste Zeit des Jahres fiel, der Sinn für die
Schönheit der Natur und die alte Lust der Land=
schaftsschilderung in dem Dichter wieder erwachte.

---

[1]) Paris, 15. August 1801: „O wie unbegreiflich ist der
Wille, der über die Menschengattung waltet!" (Biedermann
S. 206, auch S. 202.) Noch in der „Familie Ghonorez" findet
sich eine deutliche Spur dieser fatalistischen Stimmung in der
Randbemerkung zu IV, 4: „Ursula muß zuletzt, ihr Kind
suchend, als Schicksalsleiterin auftreten." (Werke 1, 322.)

Nur auf ein äußeres Erlebnis soll hier hingewiesen werden, das geeignet war, die Gestalt Guiskards recht lebhaft vor das Auge des Dichters treten zu lassen. Es war am Rhein, auf der Fahrt von Koblenz nach Köln. Ein unerhörter Sturm brach los und setzte die ganze Gesellschaft in Schrecken. „Ein jeder klammerte sich, alle anderen vergessend, an einen Balken an, ich selbst, mich zu halten" (Biedermann S. 202). In einer der mutmaßlichen Quellen von Kleists Guiskard, der Darstellung Funcks in Schillers Horen, wird nun geschildert, wie nach dem Tode des Führers das ganze Heer panischer Schrecken ergreift. Alles stürzte sich auf die Schiffe, aber mit einer solchen Eile drängte man sich, „daß viele mit ihren Pferden ins Meer sprangen und über der Begierde, sich zu retten, ertranken". Dazu gesellte sich ein fürchter= licher Sturm, der nur wenige Trümmer des mäch= tigen Heeres die Ufer der Heimat wiedersehen ließ. Wie leicht mochte Kleists eigenes Erlebnis diese Szene und das Bild des toten Helden vor seiner Seele erstehen lassen, dessen Überreste man, wie Funck berichtet, nur mit Mühe dem wütenden Element entreißen konnte.

Der Rhein machte übrigens, wie es scheint, auf den jungen Wanderer den tiefsten und nachhaltigsten Eindruck. Kein Wunder! Ihn, den Sohn der Ebene mit ihren träge und einförmig dahinfließenden, oft seeartigen Flüssen, zogen die Gebirgsflüsse mit ihrem rascheren Laufe und ihren vielen Windungen seit

jeher an, und in allen möglichen Bildern sucht Kleist
den Eindruck, den er beim Anblick solcher Ströme,
wie z. B. der Elbe oder des Mains, erhalten hat,
wiederzugeben. Die Elbe „verläßt plötzlich ihr rechtes
Ufer, um Dresden, ihren Liebling, zu küssen", sie
„schlängelt sich spielend in tausend Umwegen durch
das freundliche Tal, als wollte sie nicht ins Meer".
Oder der Main „wandte sich bald rechts, bald links,
und küßte bald den einen, bald den anderen Rebenhügel, und wankte zwischen seinen beiden Ufern, die
ihm gleich teuer schienen", oder er umgeht einen
Rebenhügel, der seinen stürmischen Lauf gebeugt,
„seine blumigen Füße ihm küssend". Aber ein ganz
neues Bild taucht auf, als er seiner Freundin Karoline
v. Schlieben den Rhein bei Bingen beschreibt. „Still
und breit und majestätisch strömt er bei Bingen
heran, und sicher, wie ein Held zum Siege, und
langsam, als ob er seine Bahn wohl vollenden
würde, — und ein Gebirge wirft sich ihm in den
Weg" (Paris, 18. Juli 1801. Bülow S. 194 f.).
Wir kennen dies Bild. Es ist jene Vorstellung
von menschlicher Tragik, die er sich in Berlin an-
geeignet hatte, und die ihn auf seiner ganzen Reise
nicht verließ — das Bild des ringenden Menschen,
den ein übermächtiges Schicksal von seinem ersehnten
Ziele ablenkt. Früher hatte Kleist, der in müßigen
Stunden in der Einsamkeit seines Zimmers auf die
Bilderjagd ausgegangen war, der seiner Braut
empfohlen hatte, sich ein „Ideenmagazin" anzulegen,

aus diesem aufgespeicherten Vorrat geschöpft und
ein und dasselbe Bild wohl auch bei verschiedenen
Anlässen verwendet. Nun aber greift er in sein
eigenes Vorstellungsleben und wählt den Vergleich,
der ihm gerade jetzt am nächsten lag, und er greift
in sein eigenes Empfindungsleben, denn er nennt
eben diese Gegend schön „wie ein Dichtertraum".
Und in der Tat, dem Dichter Kleist erfüllten ja
gerade, als er dies schrieb, ähnliche Träume die
Seele! Auch sein Guiskard war ausgezogen „wie
ein Held zum Siege", sicher, seine Bahn zu vollenden,
als sich ihm plötzlich die Pest „in den Weg wirft".
Das war das tragische Problem, das Kleist aus dem
Guiskardstoff gezogen hatte. Keine „Verwirrung
des Gefühls", wie er sie sonst fast ausnahmslos in
den Mittelpunkt seiner Dichtungen zu stellen pflegte,
sondern eine ganz besondere Art von Tragik, die
sich nur aus seiner damaligen Stimmung heraus
entfalten konnte; kein rein seelischer Konflikt, son=
dern das Ringen mit einem blinden Verhängnis,
mit einem unüberwindlichen Schicksal, das dem Dichter
damals als das typische Los des strebenden, kämpfen=
den Menschen erschien. So wird es erklärlich, warum
Kleist auf der Suche nach einem tragischen Helden
gerade auf Robert Guiskard verfiel. Denn jenes
unbesiegbare Schicksal, die Seuche, lieferten ihm schon
die geschichtlichen Quellen, und er brauchte nur einen
Schritt über die Geschichte hinauszutun und Guis=
kard bis vor Konstantinopel gelangen zu lassen, um

ihn zu der imponierenden Größe eines Gottfried
v. Bouillon zu erheben. Daß aber das tragische
Ringen Guiskards mit seinem unüberwindlichen
Gegner nach der Absicht des Dichters den Kern des
ganzen Stückes bilden sollte, zeigt der Umstand, daß
schon im Fragmente der Greis Armin mit einem
uns wohlbekannten Bilde darauf hinweist:

Auf deinem Fluge rasch, die Brust voll Flammen,
Ins Bett der Braut, der du die Arme schon
Entgegenstreckst zu dem Vermählungsfest,
Tritt, o du Bräutigam der Siegesgöttin,
Die Seuche grauenvoll dir in den Weg! (V. 495—499.)

Halten wir nun Rückschau über das bisher Ge-
wonnene. Es hatte sich darum gehandelt, den Zeitpunkt zu bestimmen, wann der Dichter den Gedanken,
den Guiskard zu bearbeiten, aufnahm, den Stimmungen nachzugehen, die ihn veranlaßten, gerade
diesen Stoff, und zwar gerade in dieser Gestalt zu
dichterischem Leben zu erwecken, — kurz die innere
Entstehungsgeschichte der Dichtung zu verfolgen. Wir
hatten die Frage aufgeworfen, ob man annehmen dürfe,
daß sich dieses Drama, wenigstens in seinen Hauptzügen, vor dem Pariser Aufenthalt in des Dichters
Seele gestaltet habe. Diese Frage können wir nun
ruhig bejahen, ja wir können sogar mit ziemlicher Ge-
nauigkeit die Grenzen des Zeitraumes abstecken, wäh-
renddessen die Idee des Dramas feste Formen annahm.
Vor der Berliner Krisis kann dies gewiß nicht gewesen
sein, denn wir sahen, daß gerade der Grundgedanke

der Dichtung aus der Stimmung jener Tage hervor=
gegangen sein muß. Auf der Reise aber steht der
Charakter Guiskards, und gewiß auch die Disposition
des Dramas, das mit seinem Helden steht und fällt,
fertig vor des Dichters Seele, — das beweist der
Brief an Karoline. Erinnern wir uns ferner, daß
Kleist seine traurigen Erfahrungen mit Kant Schwester
und Braut am gleichen Tage, dem 22. März 1801,
mitteilt, und daß sein Brief an Karoline v. Schlieben
vom 18. Juli desselben Jahres datiert ist, so ergibt
sich aus dem Dargelegten, daß der Stoff des
„Robert Guiskard" im Frühjahr des Jahres
1801 in Kleist dichterische Gestalt gewonnen
hat. —

Was dann folgt, ist bekannt. Wie der Dichter
in Paris „sein Kind heimlich aufbewahrt und hegt",
wie ihm in der Schweiz in gesegneter Stimmung
die Arbeit unter den Händen wächst, wie er voll
kühner Hoffnungen Wielands gastlichen Landsitz be=
tritt, wie ihn sein unsteter Geist von dieser ihm lieb=
gewordenen Stätte treibt, wie in Dresden seine Un=
rast wächst und ihn wieder hinaus in die Welt lockt,
wie er in Genf verzweifelt und in Paris zusammen=
bricht, — das alles wissen seine Briefe und seine
Biographen mehr oder weniger ausführlich zu be=
richten. In St. Omer endlich schließt er die Rech=
nung mit sich und der Welt ab: „Ich habe," schreibt
er der Schwester, „in Paris mein Werk, soweit es
fertig war, durchlesen, verworfen und verbrannt: und

nun ist es aus. Der Himmel versagt mir den Ruhm, das größte der Güter der Erde; ich werfe ihm, wie ein eigensinniges Kind, alle übrigen hin. Ich kann mich Deiner Freundschaft nicht würdig zeigen, ich kann ohne diese Freundschaft doch nicht leben: ich stürze mich in den Tod. Sei ruhig, Du Erhabene, ich werde den schönen Tod der Schlachten sterben. Ich habe die Hauptstadt dieses Landes verlassen, ich bin an seine Nordküste gewandert, ich werde französische Kriegsdienste nehmen, das Heer wird bald nach England hinüberrudern, unser aller Verderben lauert über dem Meere, ich frohlocke bei der Aussicht auf das unendlich prächtige Grab." — — —

Mit diesem Brief aus St. Omer ist die leidvolle Entstehungsgeschichte des Guiskard zu Ende. Wie Guiskard hatte Kleist selbst knapp vor dem Ziele einer unüberwindlichen Macht weichen müssen. Er hatte einen Blick getan in ein weites, unerforschtes Land, aber es war ihm verwehrt, es zu betreten. Nur Trümmer haben sich aus dem Schiffbruch gerettet, nur ein kurzes Fragment läßt uns ahnen, was wir unwiederbringlich verloren haben. Aber auch dieses Fragment ist eine der ergreifendsten Tragödien, — die Tragödie einer Dichterseele, die im Ringen nach einem Ideal sich selbst verzehrte.

Guiskards Tod

I

Ein dunkles Rätsel, steht der gewaltige Torso des „Robert Guiskard" mitten unter Kleists Werken. Die ersten zehn Auftritte hat der Dichter, nachdem er vergeblich mit dem Stoffe gerungen und in einem Anfall von Mutlosigkeit und Verzweiflung alles, was von der Dichtung vorhanden war, vernichtet hatte, nach Jahren im „Phöbus" veröffentlicht und dadurch vor dem Untergange gerettet. Aber das ist auch alles. Kein Szenar, wie es etwa Goethe für seine „Nausikaa" ausgearbeitet, keine Skizzen und Entwürfe, wie sie etwa für Schillers „Demetrius" in reicher Fülle vorliegen, ermöglichen uns einen Einblick in die Werkstatt des Dichters, oder gar eine weitere Ausführung seiner Pläne, wie sie für die Nausikaa Scherers geniale, Scharfsinn und dichterische Phantasie zugleich betätigende Kunst geboten hat. Ja, es ist wunderbar: was Goethe seinem Freunde schrieb, als er den ersten Akt von dessen „Wilhelm Tell" in der Handschrift gelesen hatte: „Das ist nun freilich kein erster Akt, sondern ein ganzes Stück, und zwar ein fürtreffliches," das gilt vielleicht noch in höherem Maße von Kleists Guiskardfragment, das in der Klarheit seiner Anlage,

in der Folgerichtigkeit des Aufbaues seinesgleichen
sucht; und doch läßt es den, der mehr wissen möchte,
schon nach ein paar Schritten unsicher im Dunkeln
tappen. Mit meisterhafter Anschaulichkeit stellt Kleist
in einer einzigen Szene die Gestalt des Helden leib-
haft vor unsere Augen, und doch zieht sich ein dichter
Schleier vor, wenn wir es unternehmen, den Spuren
dieser Gestalt zu folgen. Gerade dieser Gegensatz
aber zwischen der lichtvollen Klarheit der erhaltenen
Szenen und dem undurchdringlichen Dunkel, das sie
rings umgibt, bildet seit jeher einen besondern An-
reiz, den Schleier von diesem Rätsel zu heben.

Vielfach sind die Wege, die hiebei eingeschlagen
worden sind. Aber sie führen abseits oder doch nur
wenige Schritte näher dem Ziele zu. So hat der
Versuch, den Konstantin Rößler (Preußische Jahr-
bücher 65, 485 ff.) unternimmt, das Drama Kleists zu
rekonstruieren, mit Kleist wohl recht wenig zu schaffen.
Rößler geht einfach von der Voraussetzung aus, daß
nicht der lebende, sondern der tote Guiskard der
Held des Stückes gewesen sei, — einer Voraussetzung, für die er den Wahrheitsbeweis zu erbringen
nicht in der Lage ist, und dichtet so mit ganz will-
kürlicher Herbeiziehung einiger Liebesaffären das
Stück zu Ende.

Auf festerem Boden steht Minors Hypothese
(Euphorion 1, 564 ff.). „Wenn wir jemals über das
großartige Fragment ... mehr erfahren sollten, als
wir bisher wissen,“ so meint Minor, „dann könnte

es nur aus neu herangezogenen geschichtlichen Quellen geschehen." Und so deckt er denn neben der bisher als Quelle geltenden Darstellung von Funck in Schillers Horen (1797, 1., 2. und 3. Stück) die von Schiller herausgegebene Allgemeine Sammlung historischer Memoires, in deren ersten zwei Bänden sich die Denkwürdigkeiten der Anna Komnena über Alexios Komnenes befinden, als mutmaßliche neue Quelle auf. Auch ich glaube, daß wir es hier mit einem Werke zu tun haben, aus dem Kleist Züge für seine Dichtung geschöpft haben kann, wenngleich meines Erachtens weniger das dort über Guiskard Gesagte als vielmehr die Schilderung des vierten Kreuzzuges für ihn maßgebend sein mochte. Ein solches Zurückgreifen auf die Quelle eines Dichters ist gewiß manchmal nicht ohne Glück versucht worden. Aber gerade bei Kleist wird es sich wohl wenig empfehlen. Denn erstens muß man sich die souveräne Art, wie er mit dem Überlieferten schaltet, — man denke an Penthesilea und den Prinzen von Homburg — vor Augen halten. Daß der Guiskard hievon keine Ausnahme gemacht hätte, zeigt schon das Wenige, was davon auf uns gekommen ist. Und zweitens fängt gerade der Guiskard dort an, wo die Geschichte aufhört. Kleists Drama spielt vor den Toren Konstantinopels, und den historischen Guiskard ereilt der Tod auf dem Zuge nach Byzanz, noch ehe er dessen Boden betreten. Ein Zurückgehen auf geschichtliche Quellen wird also gerade beim Guiskard wenig sichere Ergebnisse liefern.

Endlich muß noch einer dritten Methode gedacht werden, die zwar — und ganz besonders bei Kleist — die Gewähr des Erfolges in sich trägt, aber doch nur zu spärlichen Resultaten geführt hat. Diese Methode, die von einigen von Kleists Biographen angewendet worden ist, besteht darin, an der Hand der in den erhaltenen Szenen gemachten Andeutungen weiter vorzudringen. Aber hier ist es nur allzu leicht, die unmerkbare Grenze zwischen den wahren Absichten des Dichters und der eigenen Subjektivität zu überschreiten, eine Gefahr, der diese Forscher auch tatsächlich nicht entgangen sind. Immerhin wird man aber bei einer Untersuchung der mutmaßlichen Fortsetzung des „Guiskard" dieser Methode nicht entraten können.

Und nun fragen wir im Hinblick auf alle diese bisherigen Versuche: Gibt es wirklich kein Mittel, etwas mehr Licht in dieses Dunkel zu bringen, sollte es in der Tat nicht möglich sein, den Vorhang etwas mehr zu lüften, als dies bisher geschehen ist? Ich glaube an eine solche Möglichkeit und will auf den folgenden Blättern versuchen, sie auszuführen.

Goethe erzählt von Leonardo da Vinci, er habe von Christus eine so hohe Vorstellung in sich getragen, daß er den Christuskopf in seiner berühmten Darstellung des Abendmahls unvollendet gelassen habe. Erst später habe er es gewagt, an einem andern Bilde diesen Christuskopf, der ihm die ganze Zeit über vor Augen gestanden, anzubringen. Die wissenschaftliche Forschung hat diese Erzählung in das Gebiet der Legende verwiesen. Aber ihre psychologische Möglichkeit läßt sich nicht leugnen. Warum soll nun aber das, was für den bildenden Künstler möglich ist, nicht auch für den schaffenden Dichter Geltung haben? Kleist gestand einst seinem väterlichen Freunde Wieland zu Osmannstädt in einer schwachen Stunde, daß er an seinem Guiskard arbeite, doch schwebe ein so hohes Ideal seinem Geiste vor, daß es ihm unmöglich sei, es zu Papier zu bringen. Und als er endlich verzweifelt die Hand davon läßt, da schreibt er seiner Schwester Ulrike: „Töricht wäre es, wenn ich meine Kräfte länger an ein Werk setzen wollte, das, wie ich mich endlich überzeugen muß, für mich zu schwer ist.“ Ist es aber wahrscheinlich, daß damit dieses Werk, das er mit seinem Herzblut geschrieben, das er durch halb Europa mit sich herumgetragen, das er in rastlosen Tagen und schlaflosen Nächten immer und immer wieder von neuem überdacht und überarbeitet hatte, für Kleist ganz spurlos verschwunden war? Ist es denkbar, daß sich aus dem Zusammenbruch nichts in spätere Dichtungen Kleists gerettet haben sollte? Ich glaube nicht, daß darüber ein Zweifel möglich ist. Doch bleibt noch die Frage, ob wir denn auch in der Lage sind, auf solche Spuren in seinen späteren Dichtungen mit einiger Sicherheit hinzuweisen.

II

Wir treten der Beantwortung dieser Frage näher, wenn wir uns den Seelenzustand Kleists in der Zeit von seinem Zusammenbruch in Paris bis zum Wiedererwachen seiner dichterischen Kraft vor Augen führen. Zunächst ist Kleist an Körper und Geist völlig gebrochen. Er gesteht selbst von diesem dunkelsten Abschnitt seines Lebens, daß er „vor das Forum des Arztes" gehöre, er spricht von „unverkennbaren Zeichen einer Gemütskrankheit" und weist die Verantwortung für alles, was er in den Tagen nach der Vernichtung seines Schmerzenskindes, des Guiskard, tat und plante, entschieden von sich. Dann taucht Kleist plötzlich in Berlin auf. Aber wie ist er verändert! Er will ein Amt nehmen. Als er einst, die Brust geschwellt von frohen Erwartungen, aus Würzburg nach Berlin zurückgekehrt war, hatte er anders gedacht. Der Mensch, den ein höheres Feuer erwärmt, passe nicht in das Gefäß eines Amtes, so wie die Metallkugel sich in ein enges Gefäß nur schieben lasse, solange sie kalt sei. Jetzt aber ist sein Dichterfeuer, scheinbar wenigstens, erkaltet, und er will sich in die rauhe Wirklichkeit fügen. Die Schwestern, die den lange Vermißten aufsuchen, rühmen diese „stille Hingebung". Aber Kleists Zustand ist mehr als Hingebung, er ist völlige Entäußerung des eigenen Willens. Der Braut gegenüber hatte er einmal mit Beziehung auf sich das

selbstbewußte Bild von dem Steuermann gebraucht,
der mit Weisheit die Bahn der Fahrt entworfen
habe und das Steuer des Schiffes mit starkem Arm
zu lenken wisse. Jetzt aber ist er ein Schiffbrüchiger,
dessen Lebensschifflein gescheitert ist, und die Sorge
um Rettung und um eine Zukunft, mag diese aus=
sehen wie sie wolle, überläßt er der treuen Schwester
Ulrike. „Ich erwarte jetzt von Dir, meine teure
Schwester, die Bestimmung, ob ich mich in diesen
Vorschlag einlassen soll oder nicht," schreibt er ihr,
als sich ihm eine Aussicht auf eine Anstellung bietet.
Und doch weiß Kleist nur zu gut, daß sie den Weg
nicht kennt, der zu seinem Glücke führt. „Zu einem
Amte wird er mir verhelfen, zum Glücke aber nicht."
Endlich segelt er still in den Hafen eines bescheidenen
Ämtchens ein. Da aber beginnt der unter der Asche
seiner begrabenen Hoffnungen glimmende Funke sich
langsam zu neuer Flamme zu entfachen. Es ist
bezeichnend, wie Kleist den Weg zur Dichtung wieder=
findet. Hatte er früher in kühnem Fluge sich gleich
das höchste Ziel gesetzt, das ein Dichter zu erreichen
vermag, so unternimmt er jetzt vorerst schüchterne
Flugversuche ins Reich der Poesie. Anfangs sucht er
an dem Werke eines anderen Dichters vorsichtig die
Schwungkraft des eigenen Genius zu erproben, —
er bearbeitet Molières Amphitryon. Dann erst wagt
er es, Eigenes zu schaffen. Er führt zunächst zu
Ende, was er seit den glücklichen Tagen seines
Schweizer Aufenthaltes mit sich herumtrug, sein Lust=

spiel „Der zerbrochene Krug". Aber der Tragödie
großen Stiles geht er scheu aus dem Wege, wie
das gebrannte Kind dem Feuer. Den Stoff des
Michael Kohlhaas, den ihm sein Freund Pfuel als
für ein Trauerspiel geeignet mitgeteilt hatte, ver-
arbeitet er — zu einer Novelle. Und es währte
fast vier Jahre, ehe er sich wieder zur Tragödie
aufraffte in seiner „Penthesilea", — der Tragödie
seines eigenen titanischen Strebens. Geheime Fäden
ziehen sich vom Guiskard zu ihr. Erich Schmidt
nennt sie „ein Selbstbekenntnis". Und in der Tat,
was dem Dichter des Guiskard die Seele bewegt
hatte, die ganze Skala leidenschaftlich gesteigerter Empfindungen von der kühnsten Hoffnung bis zur traurig-
sten Enttäuschung, lebt in diesem neuen Stücke wieder
auf, — aber nicht um ihn von neuem zu erschüttern,
sondern um ihn innerlich zu befreien. Denn der
Dichter hat überwunden.

> Das Äußerste, das Menschenkräfte leisten,
> Hab' ich getan, Unmögliches versucht.
> Mein alles hab' ich an den Wurf gesetzt,
> Der Würfel, der entscheidet, liegt, er liegt.
> Begreifen muß ich's — und daß ich verlor.

Mit diesen Worten Penthesileas scheucht Kleist die
gespenstischen Schatten der alten maßlosen Leidenschaft von sich hinweg, wie etwa Goethes Orest die
Eumeniden die ehernen Tore fernab donnernd zu-
schlagen hört. Er hat die Kraft gefunden, die er
in einem Briefe aus der Schweiz sich einmal sehn-

lich herbeigewünscht hatte, die Kraft, über sich „wie über einen Dritten" zu urteilen, das Vermögen, sich zu objektivieren. Denn seine Penthesilea ist niemand anderer als er selbst. Wie sie um ihren Achilles rang und schließlich ihn, den Geliebten, wahnsinnig mit den eigenen Händen zerfleischte, so hatte er um seinen Guiskard gerungen und ihn vernichtet. Wie die Amazonenkönigin war er zur Einsicht gelangt, daß er sich das Ziel zu hoch gesteckt habe:

Zu hoch, ich weiß, zu hoch!
Er spielt in ewig fernen Flammenkreisen
Mir um den sehnsuchtsvollen Busen hin!

Und wie sie war auch er über seinem Vernichtungswerke zusammengebrochen. So erklärt es sich von selbst, daß Stellen aus Briefen Kleists, die er während seiner Arbeit am Guiskard geschrieben, mit Stellen aus der Penthesilea auffallend übereinstimmen. Und es ist kein Zufall, daß diese Partien gerade Beiträge zur Charakteristik Penthesileas enthalten. Wir hören den Dichter selbst sprechen, der in Augenblicken eines gesteigerten Selbstgefühls Goethe „den Kranz von der Stirne zu reißen" sich vermaß, wenn Penthesilea in den Ausruf ausbricht:

Eh' ich nicht völlig
Den Kranz, der mir die Stirn umrauscht', erfasse,

— — — — — — — — — — —

Eh' möge seine Pyramide schmetternd
Zusammenbrechen über mich und sie:
Verflucht das Herz, das sich noch mäß'gen kann!

Und dieses Herz ist sein Schicksal, wie das der Amazonenkönigin. Einen Brief aus Bern vom 12. Januar 1802 schließt er mit folgenden Worten über seine entfernten Verwandten: „Ich aber drücke mich an ihre Brust und weine, daß das Schicksal oder mein Gemüt — und ist das nicht mein Schick= sal? — eine Kluft wirft zwischen mich und sie." So heißt es auch von Penthesilea:

Oberpriesterin:
Da nichts von außen sie, kein Schicksal, hält,
Nichts als ihr töricht Herz —
Prothoe:
Das ist ihr Schicksal!

In dem Briefe aus St. Omer (26. Oktober 1803), der der Schwester die Katastrophe meldet, schreibt der Dichter, an sich selbst verzweifelnd: „Der Himmel versagt mir den Ruhm, das größte der Güter der Erde; ich werfe ihm, wie ein eigensinniges Kind, alle übrigen hin." Ähnlich sagt Prothoe zu Penthesilea:

Weil unerfüllt ein Wunsch, ich weiß nicht welcher,
Dir im geheimen Herzen blieb, den Segen,
Gleich einem übellaun'gen Kind, hinweg,
Der deines Volks Gebete krönte, werfen?

Und Penthesilea spricht von sich selbst:

Warum auch wie ein Kind gleich,
Weil sich ein flücht'ger Wunsch mir nicht gewährt,
Mit meinen Göttern brechen?

Ja selbst aus einem Briefe Wielands an Kleist ist eine Reminiszenz in die „Penthesilea" herüber= gekommen. Es ist jener bedeutungsvolle Brief, in dem Wieland den jungen Freund in dem Glauben an sein dichterisches Talent befestigte, jener Brief, den er sich von der Schwester nachsenden ließ und immer und immer wieder durchlas, wenn Zweifel an diesem Talent in ihm aufkamen oder Demütigungen ihm zu teil wurden. Dort hatte ihm Wieland zugesprochen: „Sie müssen Ihren Guiskard vollenden, und wenn der ganze Kaukasus und alles auf Sie drückte." Ebenso erhebt die Freundin Prothoe Penthesilea mit den Worten:

Sinke nicht,
Und wenn der ganze Orkus auf dich drückte! —

Es ist also deutlich zu sehen, wie der Dichter der Penthesilea die reichbewegte Stimmungswelt jener Tage, da er am Guiskard arbeitete, an sich vorüberziehen läßt. Und wenn wir auf der Suche nach den Spuren der verlorenen Dichtung Kleists spätere Werke durchforschen, so scheint es geboten, hier zuallererst haltzumachen. Die Vermutung liegt jedenfalls nahe, daß Kleist in dieser ersten Tragödie, die er nach dem Guiskard geschrieben, mit dem sie außerdem noch so innige persönliche Beziehungen verknüpfen, so manches geborgen haben wird, was ihm am Guiskard lieb und wert gewesen.

———

III

Diese Vermutung erhebt sich fast zur Gewißheit, wenn wir das Guiskardfragment und die Penthesilea

einander gegenüberstellen. Alles bis auf die Helena=
szene (2.—4. Auftritt) und den Streit zwischen
Robert und Abälard (6. Auftritt), der auf ein be=
stimmtes literarisches Vorbild zurückzuführen ist [1]),
findet sich in der Penthesilea wieder, oder genauer ge=
sagt, die ersten vier Auftritte der Penthesilea ent=
sprechen in Bezug auf den Aufbau, auf Motive und
stellenweise sogar auf textliche Gestaltung dem er=
haltenen Anfang des Guiskard, soweit natürlich die
Verschiedenheit des Stoffes solche Übereinstimmungen
zuläßt.

Daß die Situation in beiden Stücken die gleiche
ist, darauf möchte ich nicht zu großes Gewicht legen.
Allerdings handelt es sich in beiden Fällen um die
Belagerung einer Stadt, steht in beiden Fällen das
schwierige Unternehmen auf den Schultern eines
einzigen.

> Achill ist in der Amazonen Händen,
> Und Pergams Mauern fallen jetzt nicht um!

heißt es Penthesilea V. 242—243, und im Guis=
kard sagt Abälard (V. 381 ff.):

---

[1]) Ich denke an den Streit zwischen Ödipus und Tiresias
in Sophokles' König Ödipus. Vgl. besonders die Worte
Roberts (Guiskard 175 ff.):

> Dein Alter steht, du Hundertjähr'ger, vor dir,
> Du würdest sonst nicht ohne Züchtigung
> Hinweg von deines Prinzen Antlitz gehn,

mit Ödipus' Worten (König Ödipus 403 f.):

> Säh' ich nicht in dir den Greis,
> Du würd'st in Leid erkennen, was du mir ersannst.

> Eh' wird Guiskards Stiefel rücken vor
> Byzanz, eh' wird an ihre eh'rnen Tore
> Sein Handschuh klopfen, eh' die stolze Zinne
> Vor seinem blassen Hemde sich verneigen,
> Als dieser Sohn, wenn Guiskard fehlt, die Krone
> Alexius, dem Rebellen dort, entreißen!

Aber Achilles strebt doch nicht, wie Guiskard, einzig und allein die Eroberung dieser Stadt an, sondern den Sieg über Penthesilea, ja deren plötzliches Auftreten hat sogar den Gedanken an Troja gänzlich zurückgedrängt. Doch gerade dieses Hinblicken auf ein einziges ersehntes Ziel, vor dem alles andere in den Hintergrund tritt, ist es, was er mit dem Normannenherzog gemeinsam hat, und was den beiden Dramen eine gleiche Grundidee verleiht. Achill ist ein Fanatiker des Willens wie Guiskard. Wird von diesem berichtet, daß er unaufhörlich, wie ein gekrümmter Tiger, aus seinem offenen Zelte nach der Kaiserzinne hinüberschaue, ungeheure Entschlüsse im Busen wälzend, und sagt er selbst von sich (V. 447—448):

> Im Lager hier kriegt ihr mich nicht ins Grab:
> In Stambul halt' ich still, und eher nicht!

so heißt es von Achill (V. 222 ff.):

> Er weicht, so schwört er, eher
> Von dieser Amazone Ferse nicht,
> Bis er an ihren seidnen Haaren sie
> Von dem gefleckten Tigerpferd gerissen,

und er selbst beteuert (V. 611 ff.):

> Nicht eh'r zu meinen Freunden will ich lenken,
> Ich schwör's, und Pergamos nicht wiedersehn,

Als bis ich sie zu meiner Braut gemacht,
Und sie, die Stirn bekränzt mit Todeswunden,
Kann durch die Straßen häuptlings mit mir schleifen.

Aber auch auf Penthesilea, in der Kleist vor allem sich selbst und sein Ringen um den Guiskardstoff abschildert, ist ein Stück Guiskard übergegangen, wenn sie sagt (V. 676 ff.):

Wo sich die Hand, die lüsterne, nur regt,
Den Ruhm, wenn er an mir vorüberfleucht,
Bei seinem goldnen Lockenhaar zu fassen,
Tritt eine Macht mir hämisch in den Weg.

Man vergleiche damit die Ansprache des Greises Armin an Guiskard (V. 495 ff.):

Auf deinem Fluge rasch, die Brust voll Flammen,
Ins Bett der Braut, der du die Arme schon
Entgegenstreckst zu dem Vermählungsfest,
Tritt, o du Bräutigam der Siegesgöttin,
Die Seuche grauenvoll dir in den Weg!

Zu diesem Grundgedanken, der den beiden Stücken gemeinsam ist, gesellen sich nun Übereinstimmungen im einzelnen, die sich Szene für Szene verfolgen lassen. Der erste Auftritt der Penthesilea ist die Expositionsszene κατ' ἐξοχήν. Wir werden von der plötzlichen Wendung, die die Dinge vor Troja genommen haben, unterrichtet, erfahren, daß Achill, auf dem aller Hoffnungen für die Eroberung Trojas ruhen, von dieser Wendung, unter der alle zu leiden haben, in erster Linie betroffen ist, und hören schließlich von dem Auftrage Antilochs, die Griechen zum Rückzuge zu bewegen, mit dem alle einverstanden sind. Nur um die Meinung des abwesenden Achill handelt es sich noch, die den Ausschlag geben wird. Dieser Szene entsprechen im großen und ganzen die zwei ersten Auftritte des Guiskard. Auch hier ist zunächst von einem Ereignisse die Rede, das auf den bisherigen Gang der Begebenheiten nicht ohne Einfluß bleiben kann, — von dem plötzlichen Auftreten der Pest. Sie erweckt in allen Gemütern den Wunsch nach Rückkehr in die Heimat, wie die Griechen, der zwecklosen Kämpfe mit den Amazonen müde, wieder vor Troja zurückkehren wollen. Und wie hier die Entscheidung Achills abgewartet werden muß, so soll dort die Bitte um Heimkehr dem Führer Guiskard vorgetragen werden. Da tritt plötzlich etwas ein, was diese Absicht zu vereiteln droht. In der zweiten Szene der Penthesilea erscheint ein Hauptmann mit der Unglücksnachricht: Achill ist in der Amazonen Händen. Ebenso bringt im fünften Auftritt des Guiskard ein Krieger die Botschaft von der Erkrankung des Herzogs. Diese beiden Botenszenen sind völlig analog gebaut: erst einige durch Rede und Gegenrede zerhackte Verse, dann der ausführliche Bericht des Boten, hie und da durch Ausrufe und Fragen wirksam unterbrochen. „So bleich und so verstört" tritt in der Penthesilea der Myrmidonierhauptmann auf die Bühne, und der Normanne im Guiskard wird bei seinem Auftreten mit den Fragen bestürmt: „Was siehst du so verstört dich um? Deine Lipp' ist bleich. Was fehlt dir?" Auch der Eindruck, den

die Unglücksbotschaft macht, ist in beiden Dramen
gleich. Diomedes und Antilochus brechen in die
Rufe aus: „Ihr Götter, ihr olympischen!" „Ihr
Himmlischen!" Im Guiskard ruft eine Stimme aus
dem Volke, dem verschiedenen Kolorit entsprechend:
„Ihr Himmelsscharen, ihr geflügelten!" — „Un-
glücksbote!" ruft Odysseus dem Hauptmanne zu,
„Du Bote des Verderbens!" ruft der Greis Armin,
als Abälard die Ausführungen des Kriegers bestätigt und ergänzt. Den Griechen wie den Normannen ist es sogleich klar, daß das Unternehmen,
zu dem sie ausgezogen sind, mit dem Führer gefallen ist. „Pergams Mauern fallen jetzt nicht
um," heißt es in der Penthesilea, und im Guiskard bricht das Volk in laute Klage aus: „Verloren ist das Volk! Verloren ohne Guiskard rettungslos! Verloren rettungslos! Errettungslos, in diesem
meerumgebnen Griechenland!" Doch da tritt plötzlich
ein neuer überraschender Umschwung ein. Der auf
die Botenszene folgende dritte Auftritt der Penthesilea bereitet auf das nahe Erscheinen Achills
vor, wodurch der Botenbericht Lügen gestraft wird,
und entspricht somit dem achten und neunten Auftritte des Guiskard, in dem das Erscheinen des
Herzogs angekündigt wird, der noch kurz vorher,
nach dem Bericht Abälards, keines seiner Glieder
mächtig war. Auch hier sehen wir wieder die
gleichen Mittel verwendet. Guiskard wird beschrieben, noch ehe er die Szene betritt, und zwar

in der aus Homer und Lessings Laokoon bekannten
Weise (V. 400 ff.):

> Wohl, Vater, seh' ich ihn!
> Frei in des Zeltes Mitte seh' ich ihn!
> Der hohen Brust legt er den Panzer um!
> Dem breiten Schulternpaar das Gnadenkettlein!
> Dem weitgewölbten Haupt drückt er, mit Kraft,
> Den mächtigwankendhohen Helmbusch auf!

So berichtet ein Knabe, der „halb auf den Hügel
gestiegen" ist. Und nach antikem Muster wird dann
das Erscheinen des Herzogs eingeleitet mit den
Worten:

> Jetzt seht, o seht doch her! — Da ist er selbst!

Mit dem Rufe:

> Triumph! Er ist's! Der Guiskard ist's!

wird dann der Auftretende vom jubelnden Volke
begrüßt.

Genau ebenso wird das Nahen Achills in der
Penthesilea geschildert (V. 356 ff.):

> Seht! Steigt dort über jenes Berges Rücken
> Ein Haupt nicht, ein bewaffnetes empor?
> Ein Helm, von Federbüschen überschattet?
> Der Nacken schon, der mächt'ge, der es trägt?
> Die Schultern auch, die Arme stahlumglänzt? u. f. w.

Und (V. 370):

> Triumph! Achilleus ist's! Der Göttersohn!

ruft einer der Griechen, die „einen Hügel bestiegen
haben" und von dort aus die Vorgänge, die sich
hinter der Szene abspielen, mit gespannter Aufmerk-

samkeit verfolgen. Auch er wird mit den Worten
angekündigt (V. 485):

O seht doch her, seht her — da ist er schon!

Die vierte Szene, in der Achill auftritt, korre=
spondiert mit der letzten erhaltenen Szene des Frag=
ments. Auch hier läßt sich der gleiche Aufbau nicht
verkennen. Achill nimmt von dem jubelnden Emp=
fang keine Notiz. Er ist zunächst mit anderem be=
schäftigt. In ziemlich unhöflicher Weise unterbricht
er die Ansprachen des Odysseus und Diomedes, um
seinem Wagenlenker Aufträge für die Behandlung
der ermüdeten Rosse zu erteilen. Erst dann steht
er den Fürsten Rede und läßt sich von Agamemnons
Befehl berichten, vom Kampfe abzulassen und zurück=
zukehren, den er mit dem Schwur beantwortet, er
wolle Pergamos nicht eher wiedersehn, als bis er
Penthesilea besiegt habe.

Ebenso läßt Guiskard die Jubelrufe der Menge
kalt über sich ergehen. Auch er unterbricht die An=
rede des Greises, denn er hat vorher noch etwas
mit seinem Neffen Abälard auszumachen. Dann
erst nimmt er den Wunsch seines Volkes, zurück=
zukehren nach Italien, entgegen. Was er darauf
geantwortet, ist nicht mehr erhalten, doch wird wohl
auch in seinem Bescheid der Schwur enthalten ge=
wesen sein, die Heimat nicht eher zu betreten, als
bis Byzanz in seinen Händen sei[1].

---

[1] Von kleineren Übereinstimmungen erwähne ich Guis=
kard V. 91:

Es ist merkwürdig, daß diese Übereinstimmung, die sich ohne jede Vergewaltigung aus der Vergleichung der beiden Dichtungen ergibt, bisher nicht beachtet worden ist. Diese Übereinstimmung ist aber für uns von großer Bedeutung. Denn wenn es feststeht, daß der Anfang der Penthesilea in Bezug auf Bau und vereinzelte Motive nichts anderes als eine Wieder= holung der Anfangsszenen des Guiskard ist, — immer selbstverständlich die Verschiedenheit des Stoffes vor Augen gehalten, — dann wird wohl die Vermutung berechtigt sein, daß auch in den späteren Partien der Penthesilea sich Analogien mit den Teilen des Guis= kard, die für uns verloren sind, vorfinden werden. Und es besteht die Hoffnung, durch Rückschlüsse von der Penthesilea auf den verlorenen Teil des Guis= kard einiges Licht zu verbreiten. Nur wird es sich darum handeln, zu erkennen, welche Partien aus dieser späteren Dichtung Kleists gewissermaßen den „Christuskopf" bilden könnten.

Die Sonne steht, blick auf, dir hoch im Scheitel
und Penthesilea V. 1320:
Wo steht die Sonne? — Dort, dir grad' im Scheitel.
Ferner Guiskard V. 238:
Das mir den Ruhm im Bette zeugt der Schlacht
und Penthesilea V. 592:
Vom Bette fern der Schlacht, die sie umwogt.
Die zahlreichen wörtlichen Übereinstimmungen legen die Ver= mutung nahe, daß das Fragment sich nicht, wie allgemein angenommen wird, in der Abschrift eines Freundes erhalten hat, sondern unter dem lebendigen Eindruck der Penthesilea für den Phöbus aufs neue niedergeschrieben worden ist.

IV

Bevor wir an die Lösung dieser Aufgabe heran=
treten, gilt es noch ein allgemein verbreitetes und
festgewurzeltes Vorurteil aus dem Wege zu räumen,
— die als Dogma geltende Ansicht, Kleist habe in
seinem Robert Guiskard den Versuch gemacht, Shake=
speare und die Antike zu vereinigen. Ich bin so
ketzerisch, an dieses Dogma nicht zu glauben, und
berufe mich hiebei auf niemand geringeren als Kleist
selbst. Nie hat der Dichter, der sich über sein Drama
in geheimnisvolles Schweigen zu hüllen liebte, von
einer solchen Absicht etwas erwähnt, noch auch irgend
einer seiner Freunde sie als mündliche Äußerung
des Dichters kolportiert. Diese Behauptung muß
also spätere Kombination sein, und es ist nicht schwer
nachzuweisen, wann und wie sie entstanden ist.

Kleist hatte bei seinem Aufenthalte zu Osmann=
städt dem alten Wieland Partien aus dem Guiskard
vorgelesen, und dieser schildert den Eindruck, den er
davon empfangen, mit den Worten: „Wenn die
Geister des Äschylus, Sophokles und Shakespeares
sich vereinigten, eine Tragödie zu schaffen, sie würde
das sein, was Kleists Tod Guiskards des Normannen,
sofern das Ganze demjenigen entspräche, was er mich
damals hören ließ." Dazu kommen Äußerungen
Kleists aus der Zeit seines krankhaft gesteigerten
Gefühlslebens, wie die von „einer gewissen Ent=
deckung im Gebiete der Kunst", oder die Stelle aus

seinem Genfer Briefe unmittelbar vor der Kata=
strophe: „In der Reihe der menschlichen Erfindungen
ist diejenige, die ich gedacht habe, unfehlbar ein
Glied,“ — für einen kombinationslustigen Geist Spiel=
raum genug, die Kleistische Geheimsprache auf die
oben erwähnte Weise zu deuten. Tieck und Julian
Schmidt wissen nichts Derartiges zu berichten, und
selbst Bülow, der den angeführten Brief Wielands
vor dem Schicksal bewahrte, in einer obskuren Zeit=
schrift begraben zu bleiben, hat von der Kleist zu=
gesprochenen Absicht noch keine Ahnung. Erst Wil=
brandt läßt sich ausführlich darüber vernehmen, und
die Art und Weise, wie er es tut, bestätigt meine
Vermutung, daß wir es mit einer auf die oben an=
gedeutete Art zu stande gekommenen eigenmächtigen
Kombination zu tun haben. Wilbrandt schreibt auf
Seite 168 seiner Kleistbiographie, nachdem er zuvor
ausführlich über die Tendenzen der Romantiker ge=
handelt hat: „Mit Unrecht hatten Goethe und Schiller,
indem sie sich nach den Griechen bildeten, auf die
Wiedererweckung der Shakespeareschen Kunst ver=
zichtet. Sollte es unmöglich sein, die mächtige Eigen=
art der einen und des anderen zu einer großen
Harmonie zusammenzustimmen; Äschylus und Shake=
speare auf deutschem Boden ineinanderzuschmelzen?
Dieser größte Triumph mußte dem deutschen Genius
noch vergönnt, noch vorbehalten sein; und wer ihn
ahnte, mußte ihn auch, mit dem Aufbieten aller seiner
Kraft, erreichen können. Daß dies der eigentliche

Traum seiner Seele war, erraten wir unzweideutig aus dem überbliebenen Fragment des Guiskard, aus zerstreuten Andeutungen und aus dem ganzen Charakter seiner Kunst." Wir erkennen deutlich die Faktoren, aus denen sich dieses Urteil Wilbrandts zusammensetzt, und besonders Wielands Brief schimmert unverkennbar hindurch. Aber was hat Wilbrandt aus dieser Briefstelle gemacht! Wieland, der von Kleist nur Teile der Dichtung gehört hatte, verschanzte sich natürlich behutsam hinter ein „wenn" und ein „sofern", — und aus dieser ganz hypothetischen Äußerung leitet nun Wilbrandt ein Kunstprinzip für Kleist ab. Dabei übersieht er, daß die Kunstanschauungen der Romantiker nicht auch die Wielands waren, ja daß dieser sogar in offenem Gegensatze zu ihnen stand. Wieland steht hier durchaus noch auf dem Standpunkte Lessings, der in Shakespeare und Sophokles zwei verschiedene Welten erblickte, und wenn irgend etwas, so ist gerade diese Briefstelle dafür beweisend. Er will gar nicht zwei scharf gesonderte Kunstanschauungen zueinander in Beziehung bringen, er verbindet nicht den Typus Shakespeare mit dem Typus Sophokles oder der Antike schlechtweg zu einer neuen Einheit, sondern er greift einfach die drei Namen heraus, deren Träger ihm die Höhepunkte des dramatischen Schaffens bedeuten, und will damit in seiner überschwenglichen Art sagen, Kleists Dichtung würde, in gleicher Weise wie das von ihm Gehörte zu Ende geführt, die dramatischen Schöpfungen der größten Genien aller Zeiten übertreffen, — ein Lob, das bei der sanguinischen Art des Spenders und der von ihm gern angewandten überschwenglichen Ausdrucksweise natürlich nicht überschätzt werden darf.

Was ist nun am Guiskard shakespearisch? Man hat gewisse volkstümliche Redewendungen, ja sogar einzelne Wörter auf Shakespeares Rechnung setzen wollen, vergißt aber dabei, daß die Penthesilea, die doch unbestritten als antikisierendes Drama gilt, dergleichen in weit größerem Maße aufweist. Man hat sich ferner bemüht, auch in der Anlage des Stückes Shakespearesche Elemente zu entdecken, — aber nicht im Fragment selbst, sondern in der vermutlichen Fortsetzung. Und das ist bezeichnend. Denn dieses Fragment mit den darin verwendeten antiken Kunstmitteln der Teichoskopie und des Botenberichtes, mit seiner rhetorisch gehobenen Sprache, die sich bei Kleist sonst nirgends mehr vorfindet, mit seinen der antiken Poesie nachgeahmten zusammengesetzten Wörtern, mit seinen nach antikem Muster stilisierten Gleichnissen muß in jedem unbefangenen Leser sowohl technisch als stilistisch den Eindruck bewußter Nachahmung der Antike erwecken [1]). Antik ist ferner

---

[1]) Weißenfels hat, im Banne der Überlieferung stehend, in seiner Untersuchung der antiken Elemente im Stile Kleists den Guiskard von vornherein fast ganz ausgeschlossen. Für Minde-Pouet (H. v. Kleist. Seine Sprache und sein Stil. Weimar 1897) mag ein Beispiel genügen. In dem Abschnitt über „Zusammengesetzte Adjektiva" bringt er für Guiskard im ganzen vier Beispiele auf, während ich deren

die Grundidee des Stücks, völlig der Antike ent=
nommen die Figur des Greises, der kühn vor seinen
Herrscher tritt, antik endlich diese Herrschergestalt
selbst, die unter der Last eines unabwendbaren Ge=
schicks erliegen muß. Schwebte doch Sophokles'
Ödipus dem Dichter als leuchtendes Vorbild vor
Augen [1]). Dabei ist freilich nicht zu leugnen, daß
das bewußte Streben Kleists, im Guiskard eine
Tragödie antiken Stils zu schaffen, durch Stellen,
in denen der Dichter aus dem Tone fällt, und die
sich in dem Organismus des Dramas wie Fremd=
körper ausnehmen, hie und da getrübt wird. Aber
dies hat seinen Grund nicht darin, daß Kleist Shake=
speare in sein Stück hineinziehen wollte, sondern
vielmehr darin, daß Kleist — Kleist war. Er war
eben keine antike Natur. Der Geist der Antike war
ihm und seiner Kunst fremd, ja er empfand sie viel=
leicht zuweilen als etwas Fremdartiges, Unorga=
nisches. Daher ist auch überall bewußte Absicht zu
merken, wo er darauf ausgeht, die Antike sich zu
eigen zu machen, wie auch Wilbrandt zugeben muß,
daß der antikisierende Ton des Guiskard dem Charakter
der Kleistischen Muse zu widersprechen scheine. Wie

____

zumindest zwölf zähle (auf 524 Verse des Fragments). Und
dabei spricht er von der „Fülle" der Zusammensetzungen in
der Penthesilea (24 auf 3042 Verse)!

[1]) Vgl. Brahm S. 123 f. u. a. Auch die Namen der
beiden Griechenfürsten sind Sophokles entnommen: Nessus
den „Trachinerinnen", während Loxias ein Beiname des
Zeus im „Ajas" ist.

Goethe die Antike voll in sich aufzunehmen und ge=
klärt wiederzugeben vermochte er nicht. Was von
antikem Wesen und Geiste durch das Medium seiner
starken Individualität hindurchging, war nicht mehr
die Antike. Das ist an seiner Penthesilea ganz
deutlich zu sehen[1]). —

Goethe sagt einmal von Raffael: „Er gräzisiert
nirgends, fühlt, denkt, handelt aber durchaus wie
ein Grieche." Gerade das Gegenteil gilt von Kleist.
Er gräzisiert, d. h. er eignet sich die äußerlichen und
sinnenfälligen Kunstmittel des antiken Dramas an,
aber er denkt, fühlt und handelt nicht wie ein Grieche,
selbst dort, wo er die griechische Heroenwelt zum
Mittelpunkt seines Stückes macht. Die Wahrheit
dieses Satzes soll im folgenden Abschnitt erprobt
werden.

V

Woher kennen wir Kleists Ansichten vom Wesen
des antiken Dramas? Bekanntlich hat sich Kleist,
abgesehen von vereinzelten Außerungen, nie über
seine Kunst oder über das Wesen der Dichtkunst
überhaupt ausgesprochen. Aus seinen Werken müssen
wir seine theoretischen Ansichten abstrahieren. Nun

[1]) So ist wohl auch Zschokkes Urteil über den Dichter
der Penthesilea zu verstehen: „Er kommt mir wie ein werden=
der Shakespeare vor, der sich in den tragischen Formen des
Sophokles bewegen möchte." (Vgl. R. Steig, Neue Kunde
zu Heinrich v. Kleist. Berlin 1902, S. 23.)

hat Kleist zwei antike Stoffe in seinen Dramen behandelt, den Amphitryonstoff und die Penthesileasage. Der Amphitryon kommt für uns als Nachahmung Molières hier nicht in Betracht. Nur die
Penthesilea wird also zu Rate gezogen werden müssen,
will man erfahren, welche Forderungen Kleist an
ein antikisierendes Drama stellte. In seinem Aufsatz über „Kleists Penthesilea" (Vierteljahrschrift für
Literaturgeschichte 6, 506 ff.) hat Johannes Niejahr
die antiken Elemente in Kleists Drama untersucht
und gelangt dabei zu Ergebnissen, die die Richtigkeit des oben ausgesprochenen Satzes, Kleist habe
durch die Verwendung äußerlicher Kunstgriffe des
antiken Dramas das zu ersetzen gesucht, was ihm
an innerer Empfänglichkeit für die Antike abging,
vollauf bestätigen. Drei wesentliche Eigenheiten sind
es, die Kleist aus dem antiken Drama, — und zwar,
wie die Art ihrer Verwendung zeigt: kritiklos — in
seine Penthesilea herübergenommen hat. Das Drama
der Griechen kennt keine sichtbare Akteinteilung, ob-
zwar dem Chor dort ungefähr die Bedeutung unseres
Zwischenaktes zukommt. Kleist nun ließ sich durch
dieses Fehlen einer sichtbaren Unterbrechung der
szenischen Handlung verleiten, die Handlung seiner
Penthesilea ebenfalls in ununterbrochener Szenenfolge sich abspielen zu lassen, obgleich der Aufbau
des Stückes eine Gliederung in Akte ganz von selbst
verlangt und solche natürliche Einschnitte sich tatsächlich auch deutlich ergeben. Das antike Drama

fordert ferner Einheit der Zeit, — und Kleist endet die Begebenheiten seines Stückes noch vor dem Sinken der Sonne desselben Tages, an dem sie begonnen, obgleich er sich darüber klar sein mußte, daß eine so mannigfaltige und reichbewegte Handlung sich in diesem kurzen Zeitraum unmöglich abspielen kann. Endlich beobachtet das antike Drama die Einheit des Ortes, und daher hält auch Kleist an der Einheitlichkeit des Schauplatzes fest, obgleich er sich dadurch in Widersprüche verwickelt, die ihm selbst nicht entgangen sein konnten.

Wenden wir nun diese für die Penthesilea gewonnenen Resultate auf den ihr so nahestehenden Guiskard an, so ergibt sich manches, das für die Erschließung der späteren Handlung nicht ohne Bedeutung ist. Es ist klar, daß Kleist die Grundsätze, die ihn bewogen, durch äußerliche Mittel der Penthesilea ein antikes Gepräge zu verleihen, auch im Guiskard wird angewendet haben. Daraus folgt, daß auch die Handlung des Guiskard noch vor Anbruch der Nacht zu Ende gehen sollte, sowie daß der Schauplatz des Stückes bis zum Schlusse unverändert geblieben wäre: „Zypressen vor einem Hügel, auf welchem das Zelt Guiskards steht, im Lager der Normänner vor Konstantinopel." Vermutungsweise sei bemerkt, daß vielleicht auch der Guiskard ohne Akteinteilung verlaufen wäre. Der Abdruck im „Phöbus" zeigt wenigstens, ebenso wie die fragmentarische Wiedergabe der Penthesilea daselbst, keine

Aktbezeichnung, während z. B. die dort veröffent=
lichten Bruchstücke aus dem Käthchen solche Über=
schriften tragen. Das ist übrigens für den weiteren
Verlauf der Begebenheiten ganz ohne Belang. Von
Wichtigkeit dagegen sind die Folgerungen, die sich
aus der Beobachtung der Gesetze von der Einheit
der Zeit und des Ortes für die Handlung des Guis=
kard ergeben. Kleist setzt hier, wie in der Penthe=
silea, mit dem Tage ein, an dem die Entscheidung
stattfinden soll. Guiskard, der bisher die Bedingung,
sich selbst die Krone aufzusetzen, die die beiden Griechen=
fürsten Nessus und Loxias an die Auslieferung der
Schlüssel knüpften, hartnäckig von sich gewiesen hatte,
sendet an diesem Tage einen Boten mit einem
Schreiben an die beiden Verräter, worin er auf diese
Forderung eingeht, und ordnet gleichzeitig noch für
diese Nacht einen Hauptsturm an. Hat nun Kleist
die Einheit der Zeit festgehalten, dann kann es zu
diesem nächtlichen Angriff nicht mehr kommen, d. h.
den Helden ereilt sein Geschick, noch ehe er an die
Ausführung des geplanten Unternehmens schreiten
kann. Damit stimmt auch überein, was sich aus der
Annahme eines einheitlichen Schauplatzes ergibt. Ist
Kleist diesem Grundsatze gefolgt, dann spielte das
Stück bis zum Schlusse im Lager vor Konstantinopel,
d. h. Guiskard kommt nicht nach Konstantinopel, er
erreicht das ersehnte Ziel nicht.

Dieses wichtige Resultat über den weiteren Ver=
lauf der Handlung ergibt sich übrigens auch ohne

die Annahme, daß Kleist im Guiskard ein bewußt antikisierendes Drama habe schaffen wollen. Eine bloße logische Erwägung sagt uns, daß ein Mann wie Guiskard, wenn er stürmt, auch siegen muß. Schon der einzige Auftritt, in dem wir ihn kennen lernen, gibt uns diese Zuversicht. Eine solche Heldengestalt kann und wird zwar einem übermenschlichen Gegner, der Seuche, erliegen, aber nie wird ein entscheidender Angriff, den er unternimmt und auf den er seine ganze Hoffnung setzt, zurückgeschlagen werden, ein Angriff noch dazu, dessen Erfolg durch Verrat ohnedies gesichert ist. Dazu kommt das tragische Moment des Stückes, das Kleist ausdrücklich ein „Trauerspiel" benennt. Die Tragik im Geschick Guiskards besteht eben darin, daß er zusammenbricht, als er das erstrebte Ziel schon zu fassen glaubt, und der Dichter hat, von der Geschichte abweichend, seinen Helden bis vor die Tore Konstantinopels geführt, um diese Tragik noch augenfälliger zu machen.

Ein wesentlicher Punkt fiele dann allerdings fort — die Einheit des Ortes. War der Guiskard nicht als antikisierende Tragödie gedacht, dann war auch ein Wechsel des Schauplatzes möglich, und das Stück konnte sowohl in als auch vor Konstantinopel spielen. Für die Person Guiskards kommt jedoch die erste dieser beiden Möglichkeiten nach dem oben Ausgeführten nicht in Betracht. In der Stadt selbst konnten nur die beiden Griechenfürsten, Unterhändler des Normannenführers oder Personen aus

dem Griechenlager, die vielleicht erst später in die
Handlung eingreifen sollten und daher im Personen-
verzeichnis des Fragments nicht genannt sind, auftreten. Aber die Eventualität eines Ortswechsels ist
dennoch, auch in den Szenen, in denen Guiskard
auftritt, nicht ausgeschlossen. Denn außer dem Nor-
mannenlager, in dem sich der Anfang des Stückes
abspielt, konnte auch Guiskards Zelt den Ort der
Handlung bilden. Eine solche Zweiteilung wäre für
den weiteren Verlauf der Begebenheiten nicht belanglos. Und obwohl die folgenden Ausführungen
von der Voraussetzung ausgehen, daß Kleist im Guiskard wie in der Penthesilea eine Nachbildung des
griechischen Dramas beabsichtigt habe, soll doch diese
Möglichkeit nebenher in Betracht gezogen werden.

VI

Was die bisherigen Betrachtungen ergeben, ist
zumeist negativer Natur. Aber wir tun sogleich
einen Schritt weiter, in das Gebiet des Realen,
wenn wir zu dem im vorigen Abschnitte Gesagten
die bereits angeführte Stelle aus Wielands Brief
über den Guiskard hinzuhalten. Wieland nennt
dort das Stück: Tod Guiskards des Normannen.
Es ist vollständig gleichgültig, ob Kleist das Drama
damals, als er es Wieland vorlas, so benennen
wollte, oder ob Wieland ihm in Erinnerung an

das daraus Gehörte diesen Titel eigenmächtig gab:
so viel steht aus Wielands Äußerung fest, daß
der Tod Guiskards eine wichtige, wenn nicht die
wichtigste Partie des Dramas bilden sollte. Und
wir gewinnen daraus eine neue feststehende Tat=
sache: Guiskard gelangt nicht in den Besitz von
Konstantinopel, weil der Tod seinen gewaltigen
Plänen ein vorzeitiges Ende bereitet. Auch über
die Art des Todes dürfte kaum ein Zweifel herrschen.
Wozu hätte Kleist seinen Helden sonst als von der
Pest ergriffen geschildert? Was vom Volke zuerst nur
als leise Befürchtung ausgesprochen wird (V. 27 ff.):

> Auch ihn ereilt, den furchtlos Trotzenden,
> Zuletzt das Scheusal noch, und er erobert,
> Wenn er nicht weicht, an jener Kaiserstadt
> Sich nichts, als einen prächt'gen Leichenstein, —

das wird am Schlusse des Stückes furchtbare Ge=
wißheit. Aber das Fragment deutet noch mehr an.
In seiner Ansprache an Guiskard schildert der Sprecher
der Gesandtschaft, Armin, mit grellen Farben die
Schrecken der Seuche (V. 505 ff.):

> Der Hingestreckt' ist's auferstehungslos,
> Und wo er hinsank, sank er in sein Grab.
> Er sträubt, und wieder, mit unsäglicher
> Anstrengung sich empor: es ist umsonst!
> Die giftgeätzten Knochen brechen ihm,
> Und wieder niedersinkt er in sein Grab.
> Ja, in des Sinns entsetzlicher Verwirrung,
> Die ihn zuletzt befällt, sieht man ihn scheußlich

Die Zähne gegen Gott und Menschen fletschen,
Dem Freund, dem Bruder, Vater, Mutter, Kindern,
Der Braut selbst, die ihm naht, entgegenwütend.

Kleist hat diese Worte des Greises — wohl mit Absicht — an eine Stelle gesetzt, wo ihnen ein ganz besonderer Nachdruck verliehen wird. Indem er sie nämlich in die Mitte zwischen zwei auf den ersten Blick unscheinbare kleine Episoden hineinstellt, hebt er sie in diesem Zusammenhang über die bloße Bedeutung einer Krankheitsschilderung wesentlich empor. Unmittelbar vorher war die Ansprache Armins durch Guiskards plötzliches Unwohlsein jäh unterbrochen worden, und nach der von ihm wieder aufgenommenen Rede, die mit den angeführten Versen schließt, sinkt Guiskards Gattin an die Brust ihrer Tochter und muß ohnmächtig fortgetragen werden. Durch dieses wirksame Mittel werden die Verse unzweifelhaft in ein schärferes Licht gerückt, und der Gedanke, Kleist habe dadurch ihre Bedeutung für das folgende hervorheben wollen, liegt nahe genug, desgleichen die Vermutung, auf welche Person des Stückes sie in erster Linie zielen. Was hier als das allgemeine Schicksal des Normannenvolkes geschildert wird, das wird auch Guiskards Schicksal werden. Das sehen wir schon in der letzten Szene des Fragments. Kurz vorher noch „nicht eines seiner Glieder mächtig", tritt er hochaufgerichtet vor die Abgesandten seines Volkes. Aber die „giftgeätzten Knochen brechen ihm" und Helena schiebt eine Heerpauke herbei, ihm einen Halt zu verschaffen. Allzuleicht wird übrigens Guiskard seinem hinterlistigen Gegner den Sieg nicht machen. Nicht eher will er sich ihm ergeben, als bis er jene Kaiserzinne erstiegen, nach der er stets „wie ein gekrümmter Tiger aus seinem offnen Zelt hinüberschaut". Und wie im antiken Drama wächst seine Energie mit den Hindernissen, die sich ihm entgegenstellen, ja er scheut sogar seiner unwürdige Mittel, wie Lüge und Verrat, nicht, da er fühlt, daß seine Zeit gemessen sei. Auch über das Ende des Kampfes verrät das Fragment einiges, wenn es von „des Sinns entsetzlicher Verwirrung, die ihn zuletzt befällt", spricht. Aber hier stocken wir schon. Ist mit dieser Sinnesverwirrung Wahnsinn gemeint, oder handelt es sich um diesem ähnliche Fieberphantasien? Und wie werden die Wahnvorstellungen oder Fieberphantasien beschaffen sein, die wir ohne Zweifel als letztes Stadium der Krankheit Guiskards anzunehmen haben?

Das Fragment läßt uns hier vollständig im Stich, und wir müssen daher, um festere Anhaltspunkte zu gewinnen, wieder an die „Penthesilea" herantreten und unter den Szenen Umschau halten, die dort mutmaßlich auf den Guiskard zurückzuführen sind. Doch sind wir in der angenehmen Lage, uns die Suche nach ihnen wesentlich zu erleichtern. Wir scheiden nämlich aus den vierundzwanzig Auftritten des Stückes gleich von vornherein jene aus, die auf die antike Überlieferung zurückgehen, und befassen

uns nur mit denen, die als die freie Erfindung des
Dichters gelten.

Die Quellenfrage der Penthesilea hat am ein=
gehendsten Niejahr in dem schon erwähnten Aufsatze
behandelt. Anknüpfend an Erich Schmidt (Charakte=
ristiken 1, 368 Anm.) weist er im einzelnen aus=
führlich nach, daß Kleist in seiner Dichtung zwei
einander völlig widersprechende Versionen der Sage
habe vereinigen wollen. Während er im ersten Teile
der bekannten, durch Quintus Smyrnäus am voll=
ständigsten dargestellten Überlieferung folgt, wonach
Penthesilea von Achill getötet wird, gestaltet er den
Schluß nach der abweichenden Darstellung des Ptole=
mäus Chennus, die Penthesilea den Achill töten läßt.
Daneben findet sich noch eine Reihe von Szenen,
die von dem Überlieferten unabhängig sind und somit
als Kleists Eigentum beansprucht werden dürfen.
Zu diesen rechnet Niejahr die ersten vier Auftritte,
ferner die Mittelpartie: das Eindringen Achills in
das Amazonenlager, die große Szene zwischen ihm
und Penthesilea, deren Wiederbefreiung und neuer=
liche Herausforderung (a. a. O. S. 512). Von den
ersten vier Szenen haben wir gesehen, daß sie in
der Erinnerung an den Guiskard niedergeschrieben
sind und stark unter dessen Einfluß stehen. Das
bestärkt die Vermutung, daß bei den Mittelszenen
etwas Ähnliches der Fall sein wird. Aber auch da
können wir das Gebiet der Untersuchung noch einmal
einschränken. Ein Blick auf diese Partie des Stückes

zeigt nämlich, daß diese Szenen einem markanten Mittelpunkte zustreben. Achill muß in das Lager der Amazonen dringen, wenn die große Szene zwischen ihm und Penthesilea ermöglicht werden soll, und die Wiederbefreiung Penthesileas, sowie Achills neuerliche Herausforderung sind nötig als Überleitung von dieser großen Szene zu dem Schlusse, wie ihn Kleist wollte. Diese Partien sind also aus der Ökonomie der Handlung zu erklären, sie sind nur Mittel zum Zweck und als solche für uns von untergeordneter Bedeutung. Ganz anders der vierzehnte Auftritt zwischen Penthesilea und Achill, der mit dem vorhergehenden und dem darauffolgenden eine größere Einheit bildet, die ganz aus sich selbst heraus ihre Existenzberechtigung im Drama hat. In dieser Partie nun, in der nur die lange Erzählung Penthesileas vom Amazonenstaat auf antike Quellen zurückzuführen ist, steht, wie Niejahr ausführt, vieles im Widerspruch mit den vorhergehenden Auftritten. So wird vom vierzehnten Auftritte an Penthesileas Verwundung ignoriert. Ferner ist Penthesilea im Zweifel, ob sie wirklich Achill vor sich hat, nachdem sie an demselben Tage doch schon einigemal im Kampfe mit dem heiß von ihr Ersehnten hart aneinandergestoßen ist, und ebenso fragt Achill die Königin um ihren Namen, als ob er sie nie vorher gesehen hätte. Niejahr gelangt zu dem Ergebnis, daß diese Szenen erst später „mit einer gewissen Gewaltsamkeit eingefügt" seien, und daß dem Dichter der Widerspruch mit der ur-

sprünglichen Fassung nicht einmal zum rechten Be=
wußtsein gekommen sei (a. a. O. S. 544). Noch
weiter geht Niejahr in einem zweiten Aufsatz über
das gleiche Thema (Euphorion 3, 653 ff.). Mit Hin=
weis auf die Verkleidungsszene der Schroffensteiner,
die Kleist „rein als Szene in den Sinn gekommen
war“ und erst später von ihm in das Stück ein=
gefügt wurde, vermutet er das gleiche bei der in
Rede stehenden Szene der Penthesilea. Sie sei die
Lieblingsszene des Dichters gewesen, die er, seiner
Art zu arbeiten entsprechend, zuerst ausgeführt und
erst später, ohne nötig gewordene tiefgreifende Ände=
rungen vorzunehmen, in das Drama übertragen
habe. Diese Szene nimmt also ohne Zweifel eine
ganz besondere Stellung im Stücke ein, und es wird
sich vielleicht lohnen, sie näher zu betrachten. Penthe=
silea, von Achill besiegt, liegt ohnmächtig am Fuß
einer Eiche. Achill ist ihr gefolgt, ohne Waffen und
Rüstung, denn er will sie zu seiner Königin machen.
Auf Bitten der Prothoe tritt er hinter die Eiche,
da die Leblose sich zu regen beginnt. Zum Bewußt=
sein gekommen hält Penthesilea den unglücklichen
Zweikampf für einen bösen Traum und wird, als
sie Achill erblickt, von Prothoe in ihrem Irrtum
noch bestärkt, ja man redet ihr ein, Achill stehe als
Besiegter und Gefangener vor ihr. Die Königin
ist dieser Täuschung sehr leicht zugänglich, denn die
Erinnerung an das tatsächlich Vorgefallene hat sich
bei ihr verwischt, ja noch mehr, an deren Stelle

tritt ein Bild, das sie sich oft und oft in ihrer Phantasie ausgemalt haben mochte, ihr heißester Wunsch scheint Wirklichkeit geworden. Wenn sie zu Achill sagt:

> Zwar gern mit diesem Arm hier traf ich dich;
> Doch als du niedersankst, beneidete
> Hier diese Brust den Staub, der dich empfing,

so schildert sie etwas, das in Wahrheit nicht vorgefallen ist, sondern ihr von einer trügerischen Phantasie als Erinnerungsbild vorgespiegelt wird.

Dies ist in großen Zügen der Kernpunkt des Liebesidylls mitten unter blutigen Kämpfen. Die Schilderung des Amazonenstaates geht auf andere Quellen zurück und fällt daher von selbst ab, ist überdies, nach Niejahrs Vermutung, erst später eingeschoben worden, und was in den drei Auftritten um diesen Kern herum sonst noch angegliedert ist, dient der Motivierung des vorhergehenden oder des folgenden. Die Liebesszene selbst macht aber im Zusammenhange entschieden einen fremdartigen Eindruck. Sie enthält ein Motiv, das weder mit der einen noch mit der anderen Gestaltung der Penthesileasage in irgend einem Zusammenhange steht. Was war es, das den Dichter beim ersten Gedanken an die Penthesilea wahrscheinlich gerade diese Szene sehen ließ? Woher hatte er das rätselhafte Motiv, das auch für die fernere Handlung von Bedeutung werden sollte? Was bewog ihn, diese ganz heterogene

Szene in sein Stück einzuschalten? Meine Antwort auf alle diese Fragen lautet: Robert Guiskard.

VII

Es scheint auf den ersten Blick fast undenkbar, daß aus dieser Szene der Penthesilea für das Guiskarddrama, besonders aber für den Tod des Helden sich Näheres ergeben sollte. Was könnten auch eine Liebes- und eine Sterbeszene für Berührungspunkte haben? Und doch gibt es einen gemeinsamen Gesichtspunkt, von dem aus die beiden Szenen sich betrachten lassen: der Charakter der beiden darin handelnden Hauptpersonen. Guiskard wie Penthesilea streben mit einer Energie, die man fast krankhaft nennen möchte, und die der Dichter des „Robert Guiskard" aus eigener Erfahrung wohl kannte, einem einzigen Ziele zu. Da tritt ihnen plötzlich, wie es in beiden Dramen übereinstimmend heißt, „eine Macht in den Weg". Doch alle Hindernisse erhöhen in ihnen nur den Reiz, sie zu besiegen. Guiskard will nicht früher ins Grab, als bis er Byzanz erobert hat, und Penthesilea verzichtet auf alles Glück, das die Götter für sie noch im Vorrat haben, wenn sie ihr nur gewähren, den einen heißersehnten Jüngling in den Staub zu werfen, und greift zu Sichelwagen, Elefanten und Hunden, wie Guiskard zum Verrat. Aber sie erreicht ihr Ziel

ebensowenig wie Guiskard das seine. Genauer ge=
sagt: in Wirklichkeit erreicht sie es nicht. Denn eine
kurze Weile lebt sie doch in dem süßen Wahn,
Achill überwunden und für sich erobert zu haben.
Das ist die Hauptidee der großen Mittelszene, und
diese Idee werden wir für die Rekonstruktion des
Guiskard heranzuziehen haben. Sie ist nichts an=
deres als die tragische Ironie des antiken Dramas,
und es lag sehr nahe, sie mit anderen Motiven aus
dem Ödipus, in dem sie am reinsten und erschütternd=
sten zum Ausdrucke kommt, in den Guiskard her=
überzunehmen. Das Tragische dieser Ironie besteht
darin, daß der Held gerade in dem Augenblick
am Ende seiner Wünsche zu sein glaubt, wo er
davon am weitesten entfernt ist. So wähnt Penthe=
silea ihren Achill zu besitzen, nachdem sie eben vor
seiner überlegenen Kraft niedergesunken und damit
ihr Schicksal eigentlich besiegelt ist. Und so wird
diese tragische Ironie im Guiskard gerade in jenem
Punkte der Handlung einsetzen, wo Guiskard seinem
hinterlistigen Gegner, der Seuche, endlich unterliegt.
„Des Sinns entsetzliche Verwirrung", auf die der
Dichter schon im Fragment so bedeutungsvoll an=
spielt, erleichtert uns das Suchen im Bereiche der
Möglichkeiten. Wir haben es wohl, wie schon früher
erwähnt, mit Wahnvorstellungen zu tun, und nun
wird uns auch sogleich deren Inhalt, über den das
Fragment selbst nichts verriet, klar. Halten wir
dazu noch die bekannte Tatsache, daß die Phantasien

Fieberkranker sich gewöhnlich im Gebiete ihrer Lieblingsvorstellungen bewegen, daß sie oft geheime
Wünsche ihres Herzens im Fieberwahn plötzlich erfüllt sehen, und daß endlich auch bei Wahnsinnigen
solche Lieblingsvorstellungen sich gern in fixe Ideen
umbilden. Wenn es von dem fieberkranken Grafen
Wetter vom Strahl im Käthchen heißt: „Alles, was
in seinem Herzen verschlossen war, lag nun im Wahnsinn des Fiebers auf seiner Zunge," so werden wir
uns etwas Ähnliches auch bei dem sterbenden Guiskard zu denken haben. Auch bei ihm wird der durch
alle möglichen Hindernisse krankhaft gesteigerte Wille,
die Kaiserstadt zu erobern, seinen Wahnvorstellungen
Inhalt und Richtung geben. Seine beständig auf
einen Punkt gerichtet gewesenen Gedanken im Ver-
eine mit der irregeleiteten Phantasie werden ihm
Bilder vorgaukeln, die seine geheimsten Wünsche zu
verwirklichen scheinen. Er wird den Hauptsturm be-
fehligen, von dessen Gelingen er alles erhofft, die
Tore der Stadt werden sich vor seinem umnachteten
Auge öffnen, er wird die Kaiserzinne ersteigen, vielleicht sogar die Krone von Byzanz sich aufs Haupt
zu setzen wähnen, — und dann kraftlos zusammen-
sinken [1]).

Nehmen wir für den Tod Guiskards diese näheren Begleitumstände an, dann lösen sich die an-
gedeuteten Widersprüche zwischen der Mittelszene der

---

[1]) Vielleicht hat hier der „Ajas" des Sophokles dem
Dichter vorgeschwebt.

Penthesilea und den übrigen Partien des Stückes ganz von selbst. Kleist hatte die tragische Ironie im Guiskard verwendet, sie war ihm wirkungsvoll erschienen, und nun nahm er sie in seine Penthesilea herüber, ja sie wirkte in ihm so nachhaltig, daß sein dichterisches Auge vielleicht gerade diese Szene der Penthesilea, abgetrennt von allem übrigen, zuerst erschaute. Und noch ein anderer Umstand, der auf den ersten Blick befremdend wirkt, wird durch die Annahme klar, daß eine verlorene Partie aus dem Guiskard Kleist die Anregung zu der großen Szene in der Penthesilea gegeben habe. Es muß nämlich auffallen, daß Penthesilea der ihr von Prothoe und Achill bereiteten Täuschung gar so leicht zugänglich ist. Nachdem sie sich kurz zuvor noch über den wahren Sachverhalt vollständig klar gewesen, schweift nun plötzlich ihr Geist „in fernen Glanzgefilden" umher, und sie weiß selbst genau zu berichten, wie sie den Peliden „mit diesem Arm hier" traf und er vor ihr niedersank. Das spricht sie aber nicht etwa „im Wahnsinn des Fiebers", sondern sie ist in dieser Szene vollständig bei gesunden Sinnen. Halten wir nun zu dieser merkwürdigen Erscheinung das über Guiskards Tod Gesagte hinzu, dann wird sofort alles deutlich. Die Wahnvorstellungen Guiskards übten auf den Dichter der Penthesilea einen so nachhaltigen Einfluß aus, daß ihm dieser Widerspruch gar nicht recht zum Bewußtsein kam. Wir hätten dann etwas Ähnliches vor uns, wie in der Traum=

szene des „Käthchen", wo die unleugbar vorhandenen
Widersprüche sich gleichfalls aus der starken Nach=
wirkung der Vorlage leicht erklären lassen. (Vgl.
unten S. 164 f.)

Damit kommen wir gleichzeitig auf einen Unter=
schied zwischen der Szene der Penthesilea und der
mutmaßlichen Darstellung im Guiskard zu sprechen,
an dem man nicht achtlos vorbeigehen darf. Im
Guiskard hätten wir es nach dem oben Ausgeführten
mit den Bildern einer fieberhaft überreizten Phantasie
zu tun, während die Vorstellungen Penthesileas auf
einen äußeren Anstoß, die Täuschung durch Prothoe,
zurückzuführen sind. Das ist freilich ein funda=
mentaler Unterschied. Aber wer zwingt uns, an
einem solchen festzuhalten? Wir können ja hier
wieder, von der Penthesilea auf den Guiskard rück=
schließend, auch für diesen ein solches Täuschungs=
motiv annehmen. Welcher Art diese Täuschung ge=
wesen sein soll, dafür fehlen uns allerdings sichere
Anhaltspunkte, obgleich bestimmte Vermutungen nahe=
liegen. Auch darüber läßt sich nichts Festes er=
mitteln, wer die — wie in der Penthesilea liebevoll
gemeinte — Täuschung ausübt. Die große Menge
der normannischen Krieger wird von der drohenden
Katastrophe nichts erfahren, denn mit dem Führer
steht und fällt ihre Zuversicht. Also gewiß eine
Person aus der nächsten Umgebung. Am ehesten
wird man an Helena denken, deren aus männlicher
Entschlossenheit und liebender Zärtlichkeit gemischtes

Wesen ihr schon im Fragment eine große Rolle zu=
weist [1]). —

Ich habe im Eingange dieses Abschnittes den
Ausdruck „Sterbeszene" gebraucht. Das könnte leicht
zu der Ansicht verleiten, daß der Tod Guiskards
und alles daran Geknüpfte sich vor den Augen des
Zuschauers abspielen sollte. Aber die Annahme, daß
Kleist im Guiskard wie in der Penthesilea bewußt
die Technik des antiken Dramas nachgeahmt habe,
schließt eine solche Möglichkeit von vornherein aus.
Es ist einer der wichtigsten Grundsätze der griechi=
schen Tragödie, die Katastrophe nicht auf die Bühne
zu bringen, sondern durch einen Boten — die Grie=
chen hatten den besonderen Ausdruck ἐξάγγελος für
ihn — berichten zu lassen. Kleist kannte diesen
Grundsatz und hat ihn in seiner Penthesilea getreu=
lich eingehalten. Denn dort erfolgt der Tod des
Achill — die eigentliche Katastrophe des Dramas,
aus der sich alles andere mit Notwendigkeit ergibt, —
nicht auf der Bühne, sondern wird von Meroe er=
zählt. Erst dann wird Achills Leichnam auf die
Szene gebracht. Etwas Ähnliches war wohl auch
im Guiskard der Fall. Dazu führt übrigens ebenso die

---

[1]) Vielleicht ist von Helena mancher Zug auf Natalie
im „Prinzen von Homburg" übergegangen, die sich zwischen
dem Kurfürsten und dem Prinzen in einer ähnlichen Lage
befindet, wie Helena zwischen Guiskard und Abälard. Auch
das unerwartete Erscheinen des totgeglaubten Kurfürsten
kann bis auf den Guiskard zurückgehn.

folgende Erwägung. In der nächsten Umgebung des Herzogs war man eifrig darauf bedacht, seine Krankheit dem Volke bis zuletzt zu verheimlichen. Man wird also auch dafür gesorgt haben, daß nicht das ganze Heer Zeuge der letzten Augenblicke seines Feldherrn werde [1]). Erst nach dessen Ableben wird irgend jemand — wohl von den nächsten Verwandten — die Trauerbotschaft dem Volke überbringen, das mitten in den Zurüstungen zum verheißungsvollen Hauptsturm begriffen ist, — einer jener wirksamen Gegensätze, wie Kleist sie liebte. Nur in einem Falle wäre eine solche Sterbeszene als tatsächliche Szene denkbar, wenn nämlich Kleist wirklich an eine Zweiteilung des Schauplatzes gedacht hat. Denn dann konnte sich im Zelte Guiskards alles vor unseren Augen abspielen. Aber man versuche nur, auf den mutmaßlichen Inhalt dieser Szene näher einzugehen, und man wird finden, daß er sich zwar zu einem drastischen Botenbericht vortrefflich eigne, bei dem Versuche, die Vorgänge auf der Bühne darzustellen, aber auf unüberwindliche Hindernisse stieße.

Zum Schlusse dieser Ausführungen sei noch eine Vermutung berührt, zu der sowohl die Penthesilea als auch vereinzelte Andeutungen des Fragments Anlaß geben. Es scheint nämlich, daß Kleist sein

---

[1]) Bei Funck stirbt Guiskard in den Armen seiner Gemahlin Gaita; auch nach der Darstellung der Anna Komnena trifft Gaita bei ihm ein, „als er schon in den letzten Zügen lag". (Vgl. Minor im Euphorion 1, 576.)

Stück nicht unmittelbar mit dem Tode Guiskards habe abschließen wollen. Auch die Penthesilea endet nicht mit der Katastrophe. Denn als solche haben wir, wie gesagt, den Tod Achills und nicht den Tod Penthesileas zu betrachten. Mit dem Ende des Peliden ist auch das der Amazonenkönigin ausgemacht. Sie stirbt, wie die Blume welkt, der man das Sonnenlicht entzogen hat. Auch das Fragment weist auf eine derartige Entwicklung der Dinge im Guiskard hin. Schon aus den wenigen uns erhaltenen Szenen gewinnen wir die Überzeugung: Das gewaltige Unternehmen der Eroberung Konstantinopels bricht zusammen mit dem Manne, auf dessen Schultern es allein geruht. Spricht es doch das Volk selbst aus, daß es ohne Guiskard rettungslos verloren sei in diesem meerumgebnen Griechenland. Und daß der Nachfolger nicht der Mann sei, das Werk Guiskards würdig fortzusetzen und abzuschließen, deuten gleichfalls schon im Fragmente die nicht sehr schmeichelhaften Worte Abälards über Robert an, die wir bereits gehört haben. Das Volk scheint übrigens nicht viel besser zu denken. Dazu kommt der schwere Konflikt im Herrscherhause, dessen ersten Ausbruch wir noch im Fragmente miterleben. Guiskard ist nach der dem Drama zu Grunde liegenden Annahme zwar seit dreißig Jahren als Herzog und sein Sohn Robert als Thronerbe anerkannt, aber der rechtmäßige Thronfolger ist eigentlich Abälard. Denn nach dem Tode seines Vaters, der Guiskards

älterer Bruder gewesen, hätte er zum Regenten aus=
gerufen werden sollen. Indes ward auf den Wunsch
des Verstorbenen Guiskard zum Vormund des noch
im Kindesalter stehenden Abälard eingesetzt uud hatte
es verstanden, sich mit der Zeit der Herrschaft voll=
ständig zu bemächtigen. Doch Abälard ist nicht ge=
willt, auf sein Recht ohne weiteres zu verzichten:

> Des Herrschers Sohn? — Der bin ich so wie du!
> Mein Vater saß vor deinem auf dem Thron!
> Er tat's mit seinem Ruhm, tat's mit mehr Recht;
> Und näher noch verwandt ist mir das Volk,
> Mir, Ottos Sohn, gekrönt vom Erbgesetz,
> Als dir — dem Sohne meines Vormunds bloß,
> Bestimmt von dem, mein Reich nur zu verwalten!

Auffallend ist bei dem Streite zwischen Robert und
Abälard, daß dieser seine Spitze nur gegen den
Vetter kehrt. Über ihn ergießt sich der ganze Aus=
bruch seines langverhaltenen Hasses, während er für
den Oheim nur Worte der Verehrung und Be=
wunderung hat. Mögen diese nun aufrichtig ge=
meint, oder von kluger Berechnung oder von der
Furcht eingegeben sein, eines läßt sich mit Sicher=
heit daraus entnehmen, daß Abälard zwar gegen
Robert, nicht aber gegen Guiskard auftreten wird.
Die letzte Szene des Fragments bestärkt noch diese
Annahme. Der Prinz, der eben erst vor den Ver=
tretern des Volkes den Thronerben so heftig an=
gegriffen hatte, wagt nun, schon durch Guiskards
Blick gebannt, kein Wort der Entgegnung, als dieser

ihm befiehlt: „Tritt hinter mich. — Hier bleibst du
stehn, und lautlos." Und Guiskard ist der Mann,
den gärenden Zwist in seiner Familie mit eiserner
Faust niederzuhalten. Gerade jetzt, wo die Ahnung
des nahen Todes ihn drängt, zuzugreifen nach dem
Ziel seiner Wünsche, stellt sich ihm Hemmnis auf
Hemmnis entgegen. Das Volk will zurück in die
Heimat, der Neffe verrät seine Gelüste auf den
Thron. Aber Guiskard sieht der Gefahr kühn ins
Auge, wo sie ihm begegnet. „Ich sprech' nachher
ein eignes Wort mit dir," sagt er mit Bedeutung
zu Abälard, denn er will sich über ihn, den er bis=
her mit der Sonne seiner Gunst bestrahlt hatte,
Klarheit verschaffen. Auf seine Antwort an die Ge=
sandten des Volkes hätte jedenfalls eine Unterredung
mit Abälard folgen sollen, und wie er für jenes die
richtigen Worte finden wird, um es zur alten Will=
fährigkeit zurückzubringen, so wird er auch diesem
gegenüber seine moralische Überlegenheit bewahren.

Diese Szenenfolge würde sich auch mit dem künst=
lerischen Aufbau des Stückes gut in Einklang bringen
lassen. Die ersten neun Auftritte ohne Guiskard sollten
die Stimmung im Volke einerseits und im Herrscher=
hause anderseits darstellen, die folgenden dann, im
Gegensatze hiezu, zeigen, wie Guiskard diese Stim=
mungen im Lager wie in der eigenen Familie durch
die Macht seiner Persönlichkeit künstlich unterdrückt.
Allerdings nur künstlich unterdrückt. Denn mit seinem
Tode wird alles zusammenbrechen. Das Volk, des

unerſetzlichen Feldherrn beraubt, wird den kommenden
Ereigniſſen rat= und tatlos gegenüberſtehen, und die
verhaltene Feindſchaft ſeiner nunmehrigen Führer
wird an der Leiche des Herrſchers umſo elementarer
hervorbrechen. Hatte Kleiſt das Mittel der indirekten
Charakteriſtik für die Perſon ſeines Helden ſchon
im Fragmente wirkſam verwendet, ſo bot es ſich
ihm für den Schluß des Dramas geradezu von ſelbſt
an. Er konnte die Bedeutung Guiskards nicht beſſer
hervorheben, als wenn er zeigte, wie nach deſſen
Tode mit einem Schlag alles aus den Fugen ging.
Dann hätten die Schlußſzenen, analog den Eingangs=
ſzenen, nur in umgekehrter Folge, zuerſt den neuer=
lichen, aber zur Kataſtrophe geſteigerten Konflikt im
Herrſcherhauſe und hierauf den zum feſten Entſchluß
geſteigerten Wunſch des Volkes nach Rückkehr in die
Heimat dargeſtellt.

Für dieſe Schlußſzene ſei auf eine Stelle in
Kleiſts mutmaßlicher Quelle, dem Aufſatze Funcks
über Robert Guiskard (Schillers Horen 1797, 3. Stück)
hingewieſen, wo die Kataſtrophe folgendermaßen ge=
ſchildert wird: „Der 17. Julius des Jahres 1085
war ſein Todestag. Mit ihm ſanken alle ſeine
hohen Entwürfe ins Grab, und der Glanz des
apuliſchen Staates erloſch. Das Heer, von paniſchem
Schrecken ergriffen, verließ ſeine Eroberungen und
ſtürzte ſich auf die Schiffe. Mit einer ſolchen Eile
drängten ſie ſich zur Rückkehr, daß viele mit ihren
Pferden ins Meer ſprangen und über der Be=

gierde, sich zu retten, ertranken. Ein fürchter=
licher Sturm ergriff die Flotte, und nur ein kleiner
Teil des mächtigen Heeres, das noch vor wenigen
Tagen einem Kaisertum den Umsturz drohte, sah die
Ufer der Heimat wieder. Auch die Galeere, welche
Roberts Gemahlin überführte, versank in den Wellen.
Gaita rettete sich auf einem Kahn, aber nur mit
Mühe konnte man dem wütenden Elemente die leb=
losen Überreste des Helden entreißen." Ich ver=
mute, daß Kleist sich diese dramatische Schilderung
nicht habe entgehen lassen. Diese allgemeine Auf=
lösung mitten im Rasen der entfesselten Elemente,
welch großartiges Schlußbild hätte sie geboten!
Dieser jähe Wechsel zwischen kühner Zuversicht und
panischem Schrecken, zwischen unbegrenztem Ver=
trauen in den Führer und grenzenloser Fassungs=
losigkeit nach dessen Tode, wie mochte er gerade
Kleist zur Darstellung gereizt haben! Und wenn der
Dichter, einen Schritt über die Quelle hinausgehend,
in diesem allgemeinen Wirrsal vielleicht auch Guis=
kards Leichnam in den Wellen versinken ließ, dann
hätten die Worte von dem „prächtigen Leichenstein",
den er sich vor Konstantinopel erobern werde, die so
bedeutungsvoll am Eingange des Fragmentes stehen,
jenen grausamen Sinn, den Kleist so gerne der=
artigen Anspielungen beizulegen pflegte. —

Ich bin mit meinen Vermutungen zu Ende. Mehr
als Vermutungen nenne ich sie nicht, denn strenge

Beweise gibt es hier nicht, kann es, wie die Dinge einmal liegen, nicht geben. Aber vielleicht sind sie doch geeignet, Licht in das Dunkel zu tragen. Denn sie sind schließlich doch nicht vage Hypothesen, da sie sich auf etwas stützen, das mehr als alles subjektive Ermessen die Gewähr der Zuverlässigkeit in sich trägt: auf die natürlichen Gesetze des dichterischen Schaffens und den Genius des Dichters selbst.

Das Käthchen von Heilbronn

Ludwig Tieck, und seit ihm alle Biographen Heinrich von Kleists und Herausgeber seiner Werke haben auf die „alte Romanze von der wunderbaren Treue und Ergebenheit eines liebenden Weibes" als die Quelle des Schauspiels „Käthchen von Heilbronn" hingewiesen. Es ist dies die Ballade Child Waters (Percy, Relics 3, 52), die Kleist in der Bürgerschen Bearbeitung („Graf Walter", Gedichte herausgegeben von A. Sauer, S. 261) kennen gelernt haben mochte. Allerdings sind wesentliche Züge des Dramas in dieser Ballade enthalten und es kann kein Zweifel herrschen, daß Kleist hier geschöpft hat. Denn wie Käthchen muß auch die Maid der Ballade im Stall auf dem Stroh schlafen. Auch sie läuft barfuß neben ihrem Ritter her durch Heid- und Pfriemenkraut in der Sonnenglut. Ein Wasser muß sie durchschreiten, „dem Brück' und Steg gebricht", wie das Käthchen auch, und erst nachdem sie eine andere für den Grafen geworben, nehmen die harten Prüfungen ein Ende, wie Käthchen erst belohnt wird, als sie zur Hochzeit des Grafen mit Kunigunde zu kommen glaubt.

Allein schon eine oberflächliche Betrachtung zeigt, daß hier nur ein Stück der menschlichen Verhältnisse

des Dramas Kleist geboten war; er aber fügte Über-
menschliches zu ihrer Erhöhung und — so merkwürdig es klingt — Erklärung ein. Ein Zug des
Geheimnisvollen, Übernatürlichen geht durch sein
ganzes Werk. Das Reich der Träume und Erscheinungen tut sich vor uns auf, und der Himmel
hält sichtbar seine schützende Hand über dem Mädchen, das durch einen ihr selbst und den anderen un-
erklärlichen Zauber an die Schritte des Grafen gebannt ist. — Schon in Schillers „Jungfrau von
Orleans" (1801) spielen Visionen und das Eingreifen
überirdischer Mächte eine Rolle. Goethe hatte in
den 1808 zum zweiten Male erschienenen „Unterhaltungen deutscher Ausgewanderten", sowie kurz vor
der Veröffentlichung des Kleistischen Stückes in den
„Wahlverwandtschaften" (1809) die Rätselwelt des
Okkultismus gestreift[1]). Tieck, und besonders die
jüngeren Romantiker erneuerten damals den alten
Volksglauben des Mittelalters, dem der neu auf-
erstehende und auch von Kleist als Muster emp-
fundene Shakespeare gegenüber dem Rationalismus
in der Poesie wieder zu seinem Rechte verholfen
hatte, und in den Dichtungen eines Novalis und

---

[1]) Auf die Beziehungen zu Schillers „Jungfrau von
Orleans" haben schon Brahm (Heinrich v. Kleist, Berlin
1884, 1, 254) und E. Schmidt (Charakteristiken 1, 373) hin-
gedeutet. Auf Übereinstimmungen mit Goethes „Unterhaltungen" und „Wahlverwandtschaften", auf die ich durch
B. Seuffert aufmerksam gemacht wurde, werde ich von
Fall zu Fall verweisen.

Zacharias Werner trieb der Mystizismus neue Blüten. (Vgl. Bonafous, Henri de Kleist. Paris 1894. S 255 f.) Kleist folgte also einem Zuge der Zeit und seinem eigenen Hange zum Wunderbaren, der schon in seinem Erstlingswerke, den Schroffensteinern, zum Ausdrucke gelangt war, wenn er hier mit seiner Dichtung ein neues Gebiet betritt, — das Gebiet des Somnambulismus.

Du Prel hat vom heutigen Standpunkte der Wissenschaft aus das Käthchen von Heilbronn als Somnambule behandelt (Münchner Allgemeine Zeitung 1890 Nr. 320). Schon in der Eingangsszene, wo Theobald über die erste Begegnung Käthchens mit dem Grafen Wetter von Strahl berichtet, offenbart sich dieser somnambule Zug an ihr. Sie öffnet die Tür, um dem Grafen, der sich bei ihrem Vater seine Rüstung ausbessern läßt, einen Imbiß zu bringen, — da, beim Anblick des Ritters, stürzt sie „leichenbleich, mit Händen, wie zur Anbetung verschränkt" [1]), nieder. Niemand vermag herauszubekommen, was mit ihr vorgefallen. Als nun der Graf sein Roß besteigt, stürzt sie sich, dreißig Fuß hoch, auf das Straßenpflaster, „gleich einer Ver-

---

[1]) Auch Ottilie in den „Wahlverwandtschaften" stürzt bei ihrer Ankunft vor Charlotte nieder (Werke, Jubiläums-Ausg. 21, 50), auch sie hat eine eigene Art, die flachen Hände gegen die Brust zu führen (S. 48). Ihre übertriebene Dienstfertigkeit Männern gegenüber, wird ihr von Charlotte verwiesen (S. 53 f.). Käthchens Fenstersturz hat ein Analogon in dem Fenstersturz der Dienerin Ottiliens (S. 296). Über Ottiliens „magnetische" Veranlagung siehe S. 246 f.

lorenen, die ihrer fünf Sinne beraubt ist". Und
kaum hat sie sich von den Folgen des Sturzes einiger=
maßen erholt, so schnürt sie ihr Bündel und zieht
ihm nach. Was sie an seine Schritte fesselt, das
weiß sie selbst nicht. „Mein hoher Herr, da fragst
du mich zuviel," antwortet sie ihm auf diese Frage.

> „Und läg' ich so, wie ich vor dir jetzt liege,
> Vor meinem eigenen Bewußtsein da:
> Auf einem goldnen Richtstuhl laß es thronen,
> Und alle Schrecken des Gewissens ihm
> In Flammenrüstungen zur Seite stehn;
> So spräche jeglicher Gedanke noch
> Auf das, was du gefragt: ich weiß es nicht."

Kein Wunder also, wenn ihr bestürzter Vater den
Grafen der Verbrüderung mit dem Satan anklagt. —
Wir kennen den Grund ihrer rätselhaften Anhäng=
lichkeit, jenen Traum, in welchem ihr Graf Wetter
durch einen Cherub zugeführt ward, und den sie erst
in der Szene unter dem Holunderbusch dem Grafen
unbewußt enthüllt. Was also Theobald für die erste
Begegnung mit Wetter hält, ist im Grunde eine
Wiederbegegnung. Jene Vision aber hat ihr, um die
Worte Du Prels zu gebrauchen, „eine Suggestion
zurückgelassen, deren Quelle ihr unbewußt geworden,
der gemäß sie aber sich verhalten muß, wie es bei
einem posthypnotischen Befehle der Fall ist." Die
Unwiderstehlichkeit des magnetischen Rapportes, der
sich bei der von Theobald geschilderten Begegnung
geltend gemacht hat, steigert sich dann beim Fort=
reiten des Grafen bis zur „physischen Anziehung".

Und nun folgt sie ihm, „wie ein Hund, der von seines Herren Schweiß gekostet". Vergebens die Bemühungen der heiligen Feme, des Vaters und des Grafen selbst, dieses Rätsel zu lösen. Auch in dieser zweiten Szene, in welcher Käthchen vor die Richter tritt, läßt sich der somnambule Zug verfolgen. Wie sie den Grafen Wetter erblickt, stürzt sie vor ihm nieder. Niemandem außer ihm steht sie Rede, wie die Somnambule nur dem antwortet, der im Rapport mit ihr steht. So bleibt den Richtern nichts übrig, als dem Angeklagten selbst das Verhör zu überlassen, das sich nun wieder bezeichnend gestaltet:

Gr. v. Strahl.

Was hab' ich dir einmal, du weißt, getan?
Was ist an Leib und Seel' dir widerfahren?

Käthchen.

Wo?

Gr. v. Strahl.

Da oder dort.

Käthchen.
Wann?

Gr. v. Strahl.
Jüngst oder früherhin.

Käthchen.

Hilf mir, mein hoher Herr.

Gr. v. Strahl.
Ja, ich dir helfen,

Du wunderliches Ding — (Er hält inne.)
Besinnst du dich auf nichts?

Und nun muß der Graf Stück für Stück von dem, was er hören will, aus ihr herausbringen, wie das

beim magnetischen Verhör zu geschehen pflegt. Er
wird freigesprochen, aber das Rätsel bleibt allen
ungelöst. Erst in jener Szene unter dem Holunder=
busche wird der Schleier gelüftet. Käthchen schläft
und hat die Augen fest geschlossen, gibt dies aber
nicht zu. Sie gesteht ganz frei, daß sie dem Grafen
„von Herzen" gut sei, — ja noch mehr: sie sieht
nun in sein eigenes Innere, und sie, die früher froh
war, wenn der hohe Herr sie nur nicht schlug [1]), er=
zählt ihm nun: „O Schelm! Verliebt ja wie ein
Käfer bist du mir." Auch auf diese Vertraulichkeit
in der Ansprache, gegenüber dem sonstigen „Mein
hoher Herr!" weist Du Prel als den Erfahrungen
bei Somnambulen entnommen hin. Aber die Schla=
fende weiß noch mehr: „Zu Ostern, übers Jahr,
wirst du mich heuern," sagt sie mit einem Blick in
die Zukunft; und als der Graf fragt, wer ihr das
gesagt, steigt in ihr plötzlich die Erinnerung an jene
Vision in der Silvesternacht auf, die ihr abhanden
gekommen war, „weil das somnambule Bewußtsein
im Wachen latent wird", und der Graf erfährt hier
endlich, was er so lange schon wissen will, und noch
mehr als das. Käthchen erwacht, — und zwar, wie
Somnambule, erinnerungslos.

---

[1]) In den „Unterhaltungen" (Goethes Werke, Weim. Ausg.
18, 146) nimmt der Hausherr „seine größte Hetzpeitsche von
der Wand" und schwört, daß er das Mädchen bis auf den
Tod prügeln wolle. Vgl. Käthchen III, 6: „er nimmt die
Peitsche von der Wand". Sollte dadurch Kleist auf die wenig
ritterliche, wiederholt erwähnte Peitsche gekommen sein?

Wir sehen also, daß Kleist sich mit dem Somnam=
bulismus gründlich vertraut gemacht hatte. Aber wir
dürfen uns nicht damit begnügen, die Ergebnisse der
heutigen Forschung auf das Stück anzuwenden. Wir
müssen untersuchen, was dem Dichter zu jener Zeit
an Hilfsmitteln zur Verfügung stand, was ihm davon
bekannt war, und werden dann gegebenen Falls zu er=
mitteln trachten, welcher besondere Fall ihm etwa
eine Anregung für die Gestaltung Käthchens geboten
haben konnte.

Im letzten Viertel des achtzehnten Jahrhunderts
war Mesmer mit der Theorie des „tierischen Magne=
tismus" aufgetreten, die von Puiségur durch die Lehre
vom „Somnambulismus" weiter entwickelt wurde [1].
Hufeland (Teutscher Merkur 1780, abgedruckt Auf=
sätze zur Beförderung der Gesundheit 1794, S. 3)
war der erste, der diese anfangs auf viel Wider=
spruch stoßende Lehre der allgemeinen Beachtung
empfahl. Lavater kolportierte sie zunächst nach Karls=
ruhe, dann nach Bremen, beide Male mit großem
Erfolg. In Karlsruhe gab J. L. Böckmann ein
„Archiv für Magnetismus und Somnambulismus"
(Straßburg 1787/88) heraus, in Bremen wurden u. a.
Wienholt (Heilkraft des tierischen Magnetismus,

---

[1] Für das folgende vgl. Hirsch, Geschichte der medizi=
nischen Wissenschaften in Deutschland, München und Leipzig
1893, S. 467 ff. Funck, Der Magnetismus und Somnam=
bulismus in der Badischen Markgrafschaft, Freiburg i. B.
und Leipzig 1894.

3 Teile 1802/6) und Heineken (Ideen und Beob=
achtungen den tierischen Magnetismus und dessen
Anwendung betreffend 1800) eifrige Apostel dieser
zwischen Naturphilosophie und Medizin sich in der
Mitte haltenden Lehre. Von Karlsruhe wanderte
die Entdeckung Mesmers nach Heilbronn, wo Eber=
hard Gmelin (1751—1809) seine Wunderkuren ver=
richtete und auch theoretisch für die Verbreitung des
Mesmerismus zu wirken suchte. (Untersuchungen
über den tierischen Magnetismus 1787/89, Materia=
lien für die Anthropologie 1791/93) [1]. Ganz be=
sonders aber Dresden, damals Kleists Wohnsitz,

---

[1] Heilbronn scheint damals ein Zentrum der neuen
Heilmethode gewesen zu sein. Eine Landvögtin aus Arberg,
Madame Tschiffeli, brachte sie dorthin. Neben Gmelin
magnetisierte dort ein Dr. Weber (Funck S. 21 ff.), ferner
„ein französischer chirurgien Major" (Gmelin, Über den
tierischen Magnetismus, Tübingen 1787, S. 75) und viele
Laien. Dies, sowie der Umstand, daß Heilbronn damals
noch ein durchaus mittelalterliches Gepräge hatte (Goethes
Werke, Weim. Ausg. 34, 1, S. 270 f.), und die poetische
Tradition, die vom ersten deutschen Ritterstück auf Kleist
noch herüberwirken mochte, konnte maßgebend gewesen sein,
Heilbronn zum Schauplatz der Handlung zu machen. Gmelins
Schriften, auf die Kleist durch Schubert (siehe das folgende)
gekommen sein könnte, bieten keine Anhaltspunkte für das
Kleistische Drama. Auch der von Schubert aus Gmelin
herübergenommene und mit merkwürdiger Einmütigkeit und
Beharrlichkeit in allen Aufsätzen über das Käthchen zitierte
Fall von der Heilbronner Ratsherrntochter hat, außer dem
Allgemeinen des Somnambulismus, mit dem Drama gar
nichts gemein. Auf Übereinstimmungen mit Goethes Götz
ist schon von anderen Seiten vielfach hingewiesen worden.

stand im Mittelpunkte der neuen Bewegung. Dilet=
tanten und Fachmänner wetteiferten miteinander.
Graf Moritz Brühl, der spätere Berliner Hoftheater=
intendant, versuchte sich in hypnotischen Experimenten.
Ein Dresdner Arzt, Johann Nathanael Pezold, pro=
duzierte sich in Soireen, denen die höchsten Gesell=
schaftskreise der sächsischen Hauptstadt beiwohnten.
Auch der Freundeskreis, in den Kleist geraten war,
bestand aus begeisterten Anhängern der neuen Lehre.
Vor allem war es Gotthilf Heinrich Schubert, der
in seinen im Winter 1807 auf 1808 gehaltenen, bald
darauf in Druck erschienenen Vorlesungen über die
„Nachtseite der Naturwissenschaft" dieses dunkle Ge=
biet populär zu machen suchte. Schubert spricht sich
in seiner Selbstbiographie (Erlangen 1854—1856)
über diesen Freundeskreis und über sein Verhältnis
zu Kleist folgendermaßen aus (Bd. 2, S. 221):
„Dieser merkwürdige Geist, mit naturkräftigen, zu=
gleich aber wie von einem schmerzhaften inneren
Weh gebundenen Schwingen, war, wenn ich nicht
irre, damals soeben aus der Gefangenschaft, in wel=
cher ihn die französischen Gewalthaber in Berlin ge=
halten, frei geworden und, seiner alten Neigung zu
diesem friedlichen Ruheorte folgend, nach Dresden
gegangen. Hier war er in einen geselligen Kreis
getreten, in welchem ein Gemüt wie das seine gar
bald sich neu gestärkt und freudig fühlen mußte.
Der geistreiche Rühle von Lilienstern in seiner fri=
schen jugendlichen Kraft und Lebendigkeit; der ge=

mütvolle, heitere von Pfuel, der sich gleich bei der
ersten Bekanntschaft das Zutrauen aller, die es mit
dem Rechten und Guten recht gut meinten, erwarb;
Adam Müller, der Mann von feinem Sinne und
Verstande, welcher durch seine seltene Gewandtheit
und Beweglichkeit sehr zu einer bedeutenden Wirkung auf seine Zeit geeignet war, diese drei bildeten
den Mittelpunkt jenes Kreises. Auch mir tat sich
derselbe auf und ich besuchte denselben öfter, gab
auch einige kleine Arbeiten in die Zeitschrift ‚Phöbus‘,
welche damals Kleist und Adam Müller gemeinsam
redigierten." Auch über die Entstehung seiner Vorlesungen gibt Schubert interessante Aufschlüsse (ebenda
S. 227): „Da kamen Adam Müller und seine vor-
hin erwähnten Freunde (Kleist, Lilienstern, Pfuel)
auf den Einfall, mich   zu einer tätigen Teilnahme an dem löblichen Werke der allgemeinen Bildung aufzufordern. Ich solle, so stellten sie mir
meine Aufgabe, Vorlesungen über ein Gebiet der
Natur- und Seelenkunde halten, welches seinem
Wesen nach das anziehendste von allen und gerade
für die damalige Zeit von höchstem, allgemeinstem
Interesse sei: über die Äußerungen des Seelenlebens in jenen Zuständen einer Gebundenheit des
leiblichen Lebens, welche der animalische Magnetismus hervorruft, oder welche auch ohne diesen im
Traume, in den Vorahndungen des Künftigen, im
geistigen Ferngesicht u. s. sich kund geben   Und
wenn ich mit Adam Müller und seinen Freunden

allein, oder mit ihnen im Kreise einer adligen Familie aus Polen mich befand, bei welcher Müller wohnte, da konnte ich so ohne Scheu und so fertig über solche Dinge sprechen, daß es mir selber, und nach meinem Bedünken auch den anderen eine Freude war. Denn namentlich für Kleist hatten Mitteilungen dieser Art so viel Anziehendes, daß er gar nicht satt davon werden konnte und immer mehr und mehr derselben aus mir hervorlockte." (Vgl. auch Morris, Kleists Reise nach Würzburg S. 36 ff. und meine Besprechung dieses Buches, Euphorion 8, 771 ff.) In Dresden also, wo Kleist Schuberts Vorlesungen besuchte und durch den persönlichen Verkehr mit diesem mystischen Naturphilosophen tiefgehende Anregungen empfing, die noch in späteren Dichtungen ihre Spuren hinterlassen, wurde der Dichter dauernd für den Somnambulismus interessiert und eignete sich jene gründliche Kenntnis aller Einzelheiten an, die wir im „Käthchen" zu beobachten Gelegenheit hatten.

In dem erwähnten Buche Schuberts werden, wie schon der Titel besagt, jene Gebiete menschlicher Erkenntnis besprochen, in welche die Forschung noch nicht einzudringen vermochte. Dabei werden die Grenzen nicht gerade eng gezogen, denn der Verfasser steigt von der Höhe des Fixsternhimmels bis hinab in die tiefsten Tiefen der menschlichen Seele. Von dieser wird in den zwei letzten Vorlesungen gehandelt, und zwar nimmt der Magnetismus naturgemäß die Hauptstellung ein, aber auch andere

Abnormitäten des Seelenlebens werden nebenher gestreift. — Sehen wir nun, wie Schubert sich dem Phänomen gegenüberstellt, das sich uns in der Traumszene darbietet. Er sagt einmal im Verlaufe seiner Ausführungen: „So ist denn auch zuweilen die Liebe des Geschlechts, wenn sie in Verhältnissen aufwacht und recht lebhaft wird, wo sie bloß innere heftige Neigung bleiben muß; wo sie das, was sie verlangt, nicht erreichen kann, mit geistigen Erscheinungen verbunden, welche ein Ungeübter wohl schwerlich als das erkennen würde, was sie doch eigentlich sind. Zustände der Ekstase und der höchsten Begeisterung, in denen die arme, kranke Person in erhabenen Bildern und Worten geist= und sinnvolle Dinge ausspricht, welche sich sehr häufig in das Lichtgewand religiöser Wahrheiten einhüllen; Zustände, welche auch in Hinsicht des Vorauswissens künftiger oder sonst verborgener (dem Raume nach entfernter) Begebenheiten jenen des magnetischen Hellsehens gleichen, in vielen anderen Beziehungen dieses noch übertreffen, zeichnen die merkwürdige Seelenkrankheit aus, von welcher hier die Rede ist. Sie treten plötzlich ein, scheinbar ohne alle Veranlassung, meistens jedoch in der Nähe des die Attraktion erregenden Gegenstandes, oder bei Veranlassungen, welche jene innere Anziehung heftig aufregen. Bei dem Erwachen aus jenen Zuständen weiß die kranke Person ebenso wie die wieder ins gewöhnliche Leben erwachte Somnambüle nichts mehr von allem dem,

was sie in höchster Begeisterung getan und gesprochen."
(S. 270 f.)

Die Übereinstimmung dieser Darlegungen mit
Kleists Szenen ist auffallend. Käthchen befindet sich
in derselben Lage, die als Grundbedingung für jene
eigentümliche psychische Erscheinung gefordert wird.
Der Graf nimmt ihr das Versprechen ab, ihn nicht
mehr zu verfolgen. Sie verspricht es und fällt in
Ohnmacht. Sie will ins Kloster, dann doch wieder
zurück nach Heilbronn, den Grafen vergessen und den
heiraten, den ihr der Vater bestimme. Aber eine
merkwürdige Verkettung von Zufällen führt sie nach
Schloß Wetterstrahl, und wieder ruht sie unter jenem
Holunderstrauch, wo sich der Zeisig das Nest gebaut
hat, am Hang des Felsens, und ermüdet schläft sie
ein. Und als nun der Geliebte in ihre Nähe kommt,
er, den sie meiden soll, da tritt, scheinbar ohne alle
Veranlassung, jener Zustand ein, von welchem Schubert
berichtet, und in dem sie prophetisch in die Ferne
sieht. [1] Kein Zweifel, daß Kleist aus dieser Quelle

---

[1] „Zu Ostern übers Jahr wirst du mich heuern."
Schubert erzählt mit besonderer Weitläufigkeit von einer
Patientin Heinekens und berichtet u. a.: „Den Tag darauf,
als sie wieder im Somnambulismus zum Sprechen kam, be-
stätigte sie nicht bloß dieses, sondern fügte noch hinzu, daß sie
über 18 Wochen wahrscheinlich zum letzten Male in diesem
Jahre magnetisch schlafen würde, dann erst wieder im künftigen Jahre am letzten Ostertage" (S. 392). Das Nähere
darüber siehe bei Heineken, Ideen und Beobachtungen
S. 88 ff., besonders S. 124 und S. 153.

geschöpft hat. Nun fragt es sich aber noch, auf Grund welcher Erfahrungen des praktischen Lebens Schubert die obigen Sätze theoretisch formuliert hat. Darüber läßt er uns nicht im Zweifel. Er verweist selbst auf „ein älteres Buch, worinnen sich manche wahrhafte Begebenheiten der Art finden", Stillings „Theobald oder die Schwärmer", (Leipzig 1784 bis 1785 = Sämtliche Schriften, Band 6, Stuttgart 1837) — und hier stehen wir vor einer neuen Quelle Kleists.

Stillings Roman ist ein Tendenzroman: eine Geschichte, und zwar eine „wahre" Geschichte der Schwärmerei im achtzehnten Jahrhundert mit dem Zwecke, zu zeigen, „daß der Weg zum wahren zeitlichen und ewigen Glück zwischen Unglauben und Schwärmerei mitten durchgehe". Allerdings kommt über dieser Absicht das Poetische schlecht weg. Schon das Bestreben, nichts als die Wahrheit zu sagen, und noch mehr die Menge von Material, die um den einen Helden gruppiert wird, hindern eine dichterische Verarbeitung. Nach seiner Technik könnte man den „Theobald" Stillings als Familienroman bezeichnen. Der Verfasser begnügt sich nicht damit, die Schicksale des Helden von dessen Geburt an zu schildern, sondern er geht bis zur Lebensgeschichte des Großvaters zurück. Hans Theobald ist ein ehrsamer Bauer auf einem Dorfe bei Hochborn, — Theobald Friedeborn ist der Name des Waffenschmiedes von Heilbronn. Aber die Übereinstimmung beschränkt sich nicht nur auf die Namen. Theobald ist eine durch und durch rechtliche Natur, er gibt dem Kaiser, was des Kaisers, und Gott, was Gottes ist, und bekümmert sich weiter um nichts. Die Bibel, aus der er täglich vorliest, ist ihm der Inbegriff aller Weisheit. Mit Vorliebe ergeht er sich in biblischen Redewendungen, wie sein Namensvetter bei Kleist. Als Hochmann auch in jenes stille Tal mit seiner neuen Heilslehre siegreich eindringt, zieht er sich durch seine ablehnende Haltung die Mißbilligung des ganzen Dorfes zu. Seinem Sohne Dietrich, auf den die Nachrichten über Hochmann tiefen Eindruck machen, weiß er nur mit Kopfschütteln zu sagen: „Du hast ja den Schatz des Wortes Gottes im Hause, sagt dir der neue Apostel etwas anderes, so ist er ein Lügner, und sagt er das Nämliche, nun, so brauchst du ihn nicht zu hören, so kannst du's selber lesen." Recht bezeichnend für diesen in engstem Anschauungskreise aufgewachsenen, aber durch und durch biedern Mann aus dem Volke. Aber er läßt den Sohn ziehen, und nun erwächst ihm die einzige Aufregung in seinem sonst eintönigen Leben: er gerät in einen Konflikt, der mit dem von Käthchens Vater einige Ähnlichkeit hat. Der Bauernsohn Dietrich verliebt sich nämlich in ein adeliges Fräulein, das er in jenen pietistischen Sitzungen kennen gelernt hat, und will sie hinter dem Rücken seines Vaters und ihrer Verwandten heiraten. Also dasselbe Motiv der Mißheirat, nur mit Umkehrung der Geschlechter, wie wir

es im Käthchen angedeutet finden. Der Vater nimmt
das Ereignis nicht ruhig hin. „Hei! ihr nichtsgutige
Weißnasen, wollt klüger und frömmer sein, als der
große Gott da droben im hohen Himmel," äußert
er sich einem Freunde Dietrichs gegenüber, mit der=
selben Vorliebe für derbe, volkstümliche Ausdrücke,
wie sie den Reden des Heilbronner Waffenschmiedes
eigen ist. „Da ist nun meinem Dietrich der Kopf
verdreht; da dünkt er sich nun viel besser als sein
alter Vater; glaubt, er säß' droben, unserm lieben
Herrn Gott zu Füßen, und hängt sich an eine ade=
liche Jungfer." „Ich bin alt und grau geworden,
und das mit Ehren," ruft er aus, so wie Käthchens
Vater auf seine „drei und funfzig Jahre" pocht.
„Guck! mein Junge hat sich nun für sein Lebtag
verlappert, d e r Fehler kann nicht mehr geändert
werden! das heißt, wenn er sie kriegt, die Fröle" u. s. w.
Aber das Ganze nimmt eine bequeme Wendung zum
Guten, das Fräulein verzichtet auf alle Vorrechte
ihrer Stellung und wird schlichte Bauersfrau, ihr
Bruder ist damit einverstanden, und die beiden Ehe=
leute führen nun nach Rousseauschem Rezepte ein
glückliches Dasein. Ihr ältester Sohn ist Samuel
Theobald, der Held des Romanes. Er wird früh=
zeitig einem Pietisten zur Erziehung übergeben, ent=
flieht aus dem Hause des Erziehers in einen ein=
samen Wald, kommt in eine Köhlerhütte ¹), verliert

---

¹) Die Szene: Köhlerhütte im Gebirg (II, 4) scheint mir
eher aus der Tradition des Ritterdramas als aus Stillings

aber bald den Geschmack am Einsiedlerleben und kehrt zurück, macht eine abenteuerreiche Jugend durch und bezieht endlich die Universität Altdorf, um Medizin zu studieren. Hier lernt er eines Tages auf einem Spaziergange eine Witwe mit ihrer Nichte, Sannchen Blond, kennen. Samuel Theobald, dem die beiden Damen, besonders die jüngere, sehr gut gefallen, wird mit der Zeit näher mit ihnen bekannt und gelangt zuletzt zum Entschlusse, Sannchen zu heiraten. Seit jenem Spaziergang aber geht mit Sannchen eine merkwürdige Veränderung vor. Sie wird still und in sich gekehrt. Die Ursache hievon weiß sie auf Befragen ihrer Tante nicht anzugeben. Bald darauf hat sie einen visionartigen Traum, in welchem Christus und Satan um ihre Seele streiten. Dieser regt sie so auf, daß sie an einem starken Fieber erkrankt. Theobald wird an ihr Lager gerufen. Demütig empfängt ihn die Kranke: „Ich armer Wurm, ich sündhaftes Geschöpf, bin nicht wert, daß mich ein solcher Mann besucht." Nach acht oder zehn Tagen zeigt sich ihr Zustand in ganz neuem Lichte. Sie gerät in eine Erstarrung des ganzen Körpers, „sie lag auf dem Rücken, und hatte die Hände auf der Brust gefalten", und hat nun ausgesprochene Visionen religiöser Natur, die sich von nun an täglich um dieselbe Stunde wiederholen. Nach einer solchen, die besonders feierlich war, er-

Roman genommen. (Vgl. Brahm, Das deutsche Ritterdrama S. 157.)

klärt sie, Jesus werde sie diese Nacht besuchen und
ihr etwas sehr Wichtiges sagen. Theobald und die
Tante bleiben auf ihren Wunsch wach. Nach Mitter=
nacht, als die Vision vorüber, erfährt Theobald, daß
das Vorausgesagte richtig eingetroffen sei. Da „emp=
fand er eine tiefe Rührung in seiner Seele" und
sagt lächelnd: „Madmoiselle, ich weiß es, was Ihnen
der Herr Jesus gesagt hat." „Wissen Sie's?" „Ja,
ich weiß es, wir sollen uns heiraten, hier ist meine
Hand!" Hier ist es also Christus selbst, der ihr den
Bräutigam zuführt, wie den Grafen von Strahl ein
Cherub in Käthchens Kämmerlein führt, nachdem sie
Gott den Abend zuvor gebeten, ihr den Bräutigam
im Traume zu zeigen. Bald trennen sich die so
seltsam Verlobten, Sannchen kehrt ins Elternhaus
zurück und verfällt dort wieder in die alte Schwer=
mut, gegen die kein Mittel helfen will. Endlich ge=
lingt es einem ehrwürdigen Landpfarrer, Sannchen
zur Entdeckung ihres Geheimnisses zu bewegen, er
übernimmt die Vermittlung zwischen Theobald und
Sannchens Eltern und gelangt zu dem Schlusse,
„daß sich beide junge Leute heiraten müßten, oder
Sannchen würde darüber zu Grunde gehen." Die
Hochzeit wird ohne Geräusch vollzogen, und Sann=
chen ist geheilt ¹).

---

¹) Aus dem weiteren Verlaufe des Romans wäre nur
noch erwähnenswert, daß Samuel Theobald wegen Zauberei
und schwarzer Künste angeklagt und sogar beschuldigt wird,
mit dem Teufel in Verbindung zu stehen, was Kleist ver=

Ich habe mich bei der Darlegung der Beziehungen zwischen Stillings Roman und Kleists Drama länger aufgehalten, als dies vielleicht unbedingt nötig scheinen könnte, damit man sehe, wie Kleist seiner Quelle gegenüber selbständig verfahren ist. Es unterliegt keinem Zweifel, daß er bedeutende Elemente seiner Dichtung aus diesem Romane genommen hat, aber er hat sie in einen ganz anderen Zusammenhang gebracht und in ein ganz anderes Licht gestellt, so daß sie als etwas Neues und Selbständiges erscheinen. Der wichtigste Zug, den das Käthchen von Sannchen neben anderen erhalten haben kann, scheint mir der, daß sie nur in der Nähe des Geliebten sich wohl fühlt, von ihm getrennt aber in einen Zustand von Schwermut verfällt. Theobald, der ohne Zweifel Berührungspunkte mit dem alten Hans Theobald des Romanes hat, übernimmt gleichzeitig die Rolle des Dorfpfarrers, wenn er es wagen will, den Grafen um ein noch so bescheidenes Plätzchen für seine Tochter in dessen Nähe zu bitten, und hinzufügt: „Es ist besser, als daß sie vor Gram vergehe" (III, 15). Die Vision hat Kleist ihres religiösen Charakters entkleidet, wenngleich die Lichtgestalt des Cherubs noch an das Urbild bei Stilling erinnert. Vielleicht ist auch der Cherub, der Käthchen beim Einsturz des brennenden Schlosses beschirmt (III, 14),

---

anlaßt haben konnte, seinen Theobald dieselben Anschuldigungen gegen Wetter erheben zu lassen.

auf Rechnung der religiösen Visionen im „Theobald"
zu setzen. Jedenfalls bildet dieser Roman eine Quelle
für die traumhafte Vision Käthchens und hat, wenn
er sie nicht direkt veranlaßt hat, so doch zu ihrer
realen Ausgestaltung wesentlich beigetragen.

Kehren wir nun wieder zu dieser Szene unter
dem Holunderstrauche zurück. Bonasous (S. 248)
nennt sie die Hauptszene des Stücks. Von ihr aus
verbreitet sich ja auch Klarheit über vieles, was dem
Zuhörer und den handelnden Personen bisher dunkel
gewesen war. Daß sie zu den Teilen des Dramas
gehört, an die Kleist zuerst gedacht, sucht Brahm
(S. 264) nachzuweisen. Nach ihm hätten dem Dichter,
der vor allem auf die Charakteristik ausging, und
dem daher von Anfang an die Hauptfiguren deut=
licher vor Augen standen, als das Gefüge der Hand=
lung, zuerst „die hell beleuchteten Gipfel der Dich=
tung" vorgeschwebt, nämlich die Feuerprobe, der
duftende Holunderbusch und das Gepränge des
Hochzeitszuges mit Käthchens Erhöhung, Kunigun=
dens Demütigung. Für die erste dieser Szenen, die
nichts als eine Weiterführung jener Wasserprobe ist,
und für die letzte, die durch das Hereinziehen von
Motiven des Ritterdramas und des deutschen Mär=
chens dramatisch gehoben wird, läßt sich die an=
geführte Ballade vom Grafen Walter sofort heran=
ziehen, für die Traumszene versagt sie gänzlich. Aber
ich glaube auch nicht, daß die Ausführungen Schuberts
und der Stillingsche Theobald die Traumszene un=

mittelbar hervorgerufen haben, obwohl sie ja Hilfen dafür dem Dichter boten.

Mir scheint vielmehr, daß Kleist für seine wichtigste Szene bereits ein Modell gehabt hat, als er noch nicht daran dachte, den Somnambulismus in sein Stück einzuführen, ein Modell vielleicht, das geeignet war, ihn erst auf diese Idee zu bringen. Das würde der Arbeitsweise Kleists vollkommen entsprechen. Kleist liebte das Seltsame, Außergewöhnliche. Mit Recht weist Bonafous (S. 412) darauf hin, daß die Frage: „Ward, seit die Welt steht, so etwas erlebt?" bei Kleist in den verschiedensten Gestalten wieder= kehrt. Diese Vorliebe für das Seltsame leitete ihn auch bei der Wahl seiner Stoffe. Entweder griff er einen von Haus aus merkwürdigen Stoff auf, oder er suchte einen einfachen zu einem merkwürdigen Problem umzugestalten. Den letzteren Vorgang haben wir gegenüber der Ballade vom Grafen Walter be= reits beobachten können. Ähnlich hat er beispiels= weise in der „Marquise von O..." (wenn wir mit Brahm und Bonafous Montaignes Erzählung als die Quelle annehmen wollen) einen ganz rohen Stoff in ein Gebiet hinübergeleitet, von dem, wie Otto Ludwigs Novelle „Maria" zeigt, zum Somnambulis= mus nur ein Schritt war. Das alles wird uns be= rechtigen, auch für die Traumszene eine Quelle an= zunehmen, zu welcher der Somnambulismus als etwas Sekundäres hinzugekommen ist. Eine solche glaube ich nun in einer englischen Ballade (Ramsays

Tea-table miscellany 2,25) gefunden zu haben. In England scheint diese sehr beliebt gewesen zu sein (vgl. Herder, Von deutscher Art und Kunst, Suphans Ausgabe 5, 163); daß sie es auch in Deutschland war, beweisen die Übersetzungen von Herder (Heinrich und Kathrine, a. a. O. 25, 166) und Eschenburg (Lord Heinrich und Käthchen, Leipziger Musenalmanach 1776, S. 115, abgedruckt Ursinus, Balladen, Berlin 1777). Da beide dem Inhalte nach vollkommen überein= stimmen, lasse ich wegen des darin vorkommenden Namens „Käthchen" lieber die Eschenburgs folgen:

Lord Heinrich und Käthchen
Eine Romanze nach dem Englischen

In England war vor langer Zeit
Lord Heinrich wohl bekannt,
Kein Ritter, ihm an Ruhme gleich,
War durch das ganze Land.
Für Ehre nur, durch Mut erkämpft,
Entbrannten seine Triebe,
Und keines Mädchens Reiz bewog
Sein kaltes Herz zur Liebe.

Ein schön'res Kind, als Käthchen, ward
Im Dorfe nie gesehn;
Der Morgen ist so heiter nicht,
Die Rose nicht so schön.
Ihr Stand war niedrig; doch vermocht'
Sie jeden zu entzücken;
Kein Jüngling, der sie sah, entging
Der Macht in ihren Blicken.

Doch matt wird bald des Auges Glanz,
Die Wange welk und bleich,

Und all ihr Liebreiz stirbt dahin,
Nicht mehr sich selber gleich;
Kein Mittel hilft, und niemand weiß
Den Ursprung ihrer Plage;
Mit Seufzern, Tränen, kurzem Schlaf
Verlebt sie Nächt' und Tage.

Einmal im Traume schrie sie laut:
Ach Heinrich! ich vergeh'!
Verlaff'nes Mädchen! — — O! daß ich
Nie meine Qual gesteh'!
Das ist der armen Mädchen Pflicht,
Die Wahrheit zu verstecken,
Eh' will ich sterben tausendfach,
Als meine Lieb' entdecken.

Und eine Freundin hört' ihr zu,
Und lief zu Heinrichs Haus;
Nun, Mylord, sprach sie, haben wir,
Was Käthchen quält, heraus.
Noch keiner wußte, was so sehr
Das arme Kind betrübe;
Sie sagt's im Traum, und liegt nun da,
Und stirbt — für Sie — aus Liebe!

Und in des edeln Heinrichs Herz
Drang Lieb' und Mitleid ein.
Unglücklich Mädchen! rief er aus;
Doch ist die Schuld nicht mein.
Zu blödes Kind! o! wenn ich je
Dein Herz erraten hätte! — —
Ich rette dich — — Und, wie ein Pfeil,
Flog er zu ihrem Bette.

Wach auf! so rief er, liebevoll,
Wach auf! Dir ruft dein Freund.
Hätt' ich dein liebend Herz gekannt,
Du hättest nie geweint!

Dein Heinrich ruft dir; komm, laß sich
Dein Reiz aufs neu beleben!
Ich schütze vor Verzweifelung
In meinem Arm dein Leben.

Sie hob, durch seine Stimm' erweckt,
Ihr sinkend Haupt, blick' auf
Zum längst geliebten Jüngling hin,
Und fuhr vom Lager auf,
Und rief, indem sie seinen Hals
Mit brünst'gem Arm umfaßte:
„Du willst mich lieben? — willst du das,
Mein Heinrich?" — und erblaßte.

Hier wie bei Kleist ein stolzer Adeliger, hier wie
dort ein Mädchen niederen Standes, das diesen liebt,
aber scheinbar ohne Erwiderung. „Ein schön'res
Kind, als Käthchen, ward im Dorfe nie gesehn,"
heißt es in der Ballade; und ähnlich sagt bei Kleist
Theobald von seiner Tochter: „Ein Wesen von
zarterer, frommerer und lieberer Art müßt ihr euch
nicht denken." Daß sie jeden zu entzücken vermochte,
wird vom Käthchen der Ballade ausgesagt, und bei
Kleist heißt es: „Vettern und Basen, mit welchen
die Verwandtschaft seit drei Menschengeschlechtern
vergessen worden war, nannten sie auf Kindtaufen
und Hochzeiten ihr liebes Mühmchen, ihr liebes Bäs-
chen; der ganze Markt, auf dem wir wohnten, erschien an ihrem Namenstage und bedrängte sich und
wetteiferte, sie zu beschenken; wer sie nur einmal
gesehen und einen Gruß im Vorübergehen von ihr
empfangen hatte, schloß sie acht folgende Tage lang,
als ob sie ihn gebessert hätte, in sein Gebet ein."

„Kein Jüngling, der sie sah, entging der Macht in ihren Blicken," hören wir in dem Gedichte weiter, und Theobald erzählt, daß nun schon „fünf Söhne wackerer Bürger, bis in den Tod von ihrem Werte gerührt," um die Fünfzehnjährige angehalten, und daß die Ritter, die durch die Stadt zogen, „weinten, daß sie kein Fräulein war". Doch bald trübt sich der Glanz ihres Auges, und sie welkt dahin. „Kein Mittel hilft, und niemand weiß den Ursprung ihrer Plage", wird hinzugefügt, und ebenso berichtet Theobald: „Kein Mensch vermag das Geheimnis, das in ihr waltet, ihr zu entlocken." Und nun verrät das Käthchen der Ballade sein Geheimnis unfreiwillig im Traume, sowie wir bei Kleist die Lösung des Rätsels erst aus dem Munde des schlafenden Käthchens vernehmen. Da wird denn auch das kalte Herz Lord Heinrichs von Liebe gerührt und er eilt an das Lager der Schlafenden, wie wir auch beim Grafen von Strahl eine völlige und bleibende Umstimmung erst von der Traumszene an feststellen können. Hier hatte Kleist etwas, was von dem Hergebrachten abwich. Ein Weib, das dem Manne seine Liebe gesteht, und noch dazu, ohne es zu wollen, gesteht, das war in der Tat etwas Neues, „ein seltsamer Vorfall". Wenn Kleist nicht schon früher, dem Geiste seiner Zeit folgend, auf den Gedanken verfallen war, Käthchen zur Somnambule zu machen, so lag es jetzt sehr nahe, der Liebe Käthchens einen Zug des Unfreiwilligen, Geheimnisvollen zu ver-

leihen. Dann hätte sich also erst von dieser Traumszene aus das somnambulistische Element über das
ganze Stück verbreitet. Daß es nicht von allem Anfang an beabsichtigt war, scheint mir aus dieser
Szene selbst deutlich hervorzugehen. Käthchen schläft
bereits, als der Graf auftritt. Wollen wir nun
ihren Schlaf als einen hypnotischen betrachten — (und
das müssen wir nach dem früher Gesagten) — so steht
diese Tatsache mit den Erfahrungen auch der damaligen Wissenschaft in direktem Widerspruch. Man
könnte einwenden, daß es nach allen Gesetzen des
Schönen unmöglich sei, den Grafen auf der Bühne
die Manipulationen eines Hypnotiseurs ausführen
zu lassen. Gewiß; aber das wäre auch gar nicht
nötig gewesen. Wir sahen schon in der Femgerichtsszene Käthchen unter dem Einflusse einer hypnotischen Suggestion, ohne daß von einer magnetischen
Einschläferung irgendwo die Rede wäre. Aber hier
liegen die Dinge ganz anders. Käthchen erscheint
in der Versammlung und fällt, da sie den Grafen
erblickt, aufs Knie. Man kannte schon zu Kleists
Zeiten jene Hypnose, welche durch bloßen persönlichen Einfluß, ohne jede Berührung ausgeübt wird[1]),
und mit einer solchen hätten wir es dann in der
Femgerichtsszene zu tun. In der Traumszene kann
natürlich auch davon nicht die Rede sein. Daß Kleist

---

[1]) Gmelin, Materialien für die Anthropologie 1, 204:
„Nur allein dadurch, daß ich vor ihr stund, setzte ich sie in
Krise." Vgl. auch ebenda 1, 224, Funck S. 21 ff.

aus Mangel an wissenschaftlicher Kenntnis des Problems sich diesen Widerspruch habe zu Schulden kommen lassen, dürfen wir nach dem oben Ausgeführten nicht annehmen. So bleibt uns nur die Erklärung übrig, daß in dem Dichter das Bild jenes Traumes in der Ballade so stark vorgeherrscht habe, daß er den durch das spätere Hereinziehen des Somnambulismus sich ergebenden Widerspruch entweder nicht merkte, oder (und das mit Recht) für poetisch erlaubt hielt. Auch die Mitteilung Gottschalks: „einmal, daß sie einen Schlaf hat wie ein Murmeltier; zweitens, daß sie wie ein Jagdhund immer träumt, und drittens, daß sie im Schlaf spricht," scheint mir aus der Erinnerung an jene Ballade hervorgegangen zu sein. Wir hätten also, wenn meine Ausführungen richtig sind, in der Ballade „Lord Heinrich und Käthchen" das Mittelglied zwischen der Ballade vom Grafen Walter einerseits und Schubert und Stilling anderseits zu erblicken, und zwar wahrscheinlich diejenige Quelle, welche Kleist zur Einführung des Somnambulismus in seine Dichtung direkt anregte [1]).

---

1) Allerdings könnte man sich auch eine umgekehrte Ordnung der Einwirkungen, nämlich: Eschenburg, Schubert, Stilling, Bürger denken, so daß Kleist zuerst die Traumszene somnambulistisch umkleidete und dann bei Bürger passendes Material für die übrige Handlung fand. In welcher Reihenfolge Kleist mit seinen Quellen bekannt und von ihnen angeregt wurde, wird eine offene Frage bleiben müssen.

Nun bleibt noch ein Punkt jener Traumszene zu erörtern. Der Graf erinnert sich nämlich, in derselben Silvesternacht den gleichen Traum gehabt zu haben, der auch in den kleinsten Einzelheiten mit dem Käthchens übereinstimmt. Schon viel früher (II, 9) hören wir die alte Haushälterin Brigitte davon erzählen. Der Graf war nach einer „seltsamen Schwermut, von welcher kein Mensch die Ursache ergründen konnte", an einem schweren Nervenfieber erkrankt. Er wolle gern sterben, so phantasiert er, denn das Mädchen, das fähig wäre, ihn zu lieben, sei nicht vorhanden. Da erscheint ihm ein Engel und verspricht ihm, in der Silvesternacht ihn zu dem Mädchen zu führen. Und in dem Augenblicke, da das Jahr wechselt, starrt er, als ob er eine Erscheinung hätte, ins Zimmer, „streckt alle Glieder von sich, und liegt wie tot". „Wir horchten an seiner Brust," erzählt die Alte, „es war so still darin, wie in einer leeren Kammer. Eine Feder ward ihm vorgehalten, seinen Atem zu prüfen: sie rührte sich nicht. Der Arzt meinte in der Tat, sein Geist habe ihn verlassen; rief ihm ängstlich seinen Namen ins Ohr; reizt' ihn, um ihn zu erwecken, mit Gerüchen; reizt' ihn mit Stiften und Nadeln, riß ihm ein Haar aus, daß sich das Blut zeigte; vergebens: er bewegte kein Glied und lag wie tot." Später aber erwacht er wieder, und auf die Frage seiner Mutter, wo er gewesen, versetzt er mit freudiger Stimme: „Bei ihr, die mich liebt! bei der Braut, die mir der Himmel bestimmt hat! geh, Mutter, geh, und laß nun in allen Kirchen für mich beten; denn nun wünsch' ich zu leben." Und von Stund an erholt er sich, und „ehe der Mond sich erneut, ist er so gesund wie zuvor". Diese Erzählung der alten Brigitte fehlt in der ersten Bearbeitung im „Phöbus" gänzlich. An einen Doppeltraum wird zwar Kleist auch damals schon gedacht haben[1]), aber jedenfalls hätten wir auch von diesem erst in der Traumszene etwas erfahren, gewiß zum Vorteile des Ganzen. Dabei bleibt noch der unerklärliche Widerspruch, daß derselbe Traum, von dem die ganze Strahlburg sich erzählt, und der auf Käthchen eine so tiefgehende Wirkung ausübt, bei Wetter ganz in Vergessenheit geraten ist.

Du Prel erklärt die Erscheinung des Doppeltraumes so, daß Käthchen jenen Traum, worin sie fernsehend den künftigen Bräutigam erblickt, „in unbewußter Fernwirkung auf den Grafen übertragen hat". Mir scheint das Gegenteil davon richtig. Nicht Käthchen erscheint ja dem Grafen, sondern umgekehrt. Sagt er doch selbst:

Nun steht mir bei, ihr Götter! ich bin doppelt!
Ein Geist bin ich und wandele zur Nacht! — —

---

[1]) Hier hatte Kleist ein literarisches Vorbild in Wielands Oberon. Rezia erscheint dem träumenden Hüon (Oberon III. 58 ff.), Hüon der träumenden Rezia an der Seite Oberons, wie bei Kleist der Cherub den Grafen einführt. Beide verlieben sich sofort ineinander, ohne sich bis dahin zu kennen.

Was mir ein Traum schien, nackte Wahrheit ist's:
Im Schloß zu Strahl, todkrank am Nervenfieber,
Lag ich danieder und hinweggeführt
Von einem Cherubim besuchte sie
Mein Geist in ihrer Klause zu Heilbronn!

Hier wird noch dazu ausdrücklich behauptet, daß wir es nicht mit einem Traume, sondern mit einer wirklichen Erscheinung zu tun haben. — Trotzdem erst vor kurzem Kants „Träume eines Geistersehers" wie ein reinigendes Gewitter in den Nebeldunst des Köhlerglaubens gefahren waren, gab es damals, auch in wissenschaftlichen Kreisen, noch Leute, welche allen Ernstes daran glaubten, daß die Seele (oder um mit Kleist zu sprechen: der Geist) unter gewissen Bedingungen sich vom Körper loslösen und anderen leibhaftig und sichtbar erscheinen könne. Gerade hier zeigte sich deutlich, wie gefährlich halbe wissenschaftliche Erkenntnis ist, als der Mystizismus und Charlatanismus die neuen Lehren der Naturwissenschaft für ihre Zwecke ausbeuteten. So hat u. a. Stilling, gestützt auf die Theorien des tierischen Magnetismus und anderer mit diesem verwandter Erscheinungen, tatsächlich eine ganz abenteuerliche „Theorie der Geisterkunde" (1809) aufgebaut. Hier werden wir auch die Erscheinung Wetters anzuknüpfen haben.

Sehen wir aber zunächst, wie Schubert, den wir als Gewährsmann Kleists schon einmal kennen lernten, sich über derartige Fälle äußert: „Der Magnetis=

muß, welcher nicht selten ein Erstarren der Glieder wie im Tode, und andere, hiemit verwandte Symptome zur ersten Wirkung hat, ist auch hierin das im kleinen, was der Tod im großen und auf eine vollkommene Weise ist. Auch Ohnmachten und der noch tiefer mit dem Tod verwandte Scheintod ohne Bewußtsein zeigen sich öfters, so wie sie zuweilen von einem gleichen, oder vielmehr noch viel höheren Wonnegefühl begleitet sind als der Somnambulismus, nicht minder heilsam als der magnetische Schlaf, und die aus ihm Erwachenden sind meist von der vorhergegangenen Krankheit, die sie in diesen Zustand versetzt, vollkommen befreit, ja auf eine unbegreifliche Weise gestärkt" (a. a. O. S. 300).

Es ist das Krankheitsbild Wetters, das wir hier in großen Zügen vor uns haben. Der Graf ist nicht in normalem Zustande, sondern er liegt „todkrank am Nervenfieber", und erst in diesem Zustande der Störung des Nervensystems verfällt er in den von Schubert geschilderten Scheintod, dessen unbegreifliche heilkräftige Wirkung auch nicht ausbleibt. Wir haben also den Rahmen hier vorgezeichnet, nur über den realen Inhalt jenes „Wonnegefühls" läßt uns Schubert im Dunkeln. Hier kann Stilling aushelfen. In seinem oben genannten Werke (§ 100) bespricht er mit großer Ausführlichkeit den Fall, daß sich „ein Mensch bei lebendigem Leibe an einem entfernten Ort zeigen kann". Stilling sind Beispiele bekannt, „daß Kranke eine unbeschreibliche

Sehnsucht bekamen, einen gewissen Freund oder
Freundin zu sehen; bald darauf gerieten sie in Ohn=
macht, und während der Zeit erschienen sie dem ent=
fernten Gegenstand ihrer Sehnsucht". Ein Beispiel
dafür wird auch angeführt, welches aber zu unserem
Falle keine nähere Beziehung hat, als daß der Be=
treffende, während er einem weit entfernten Be=
kannten erscheint, „wie ein Toter" auf seinem Kanapee
liegt. Also dieselbe Ursache und Wirkung wie bei
Kleist. Auch Graf Wetter wird von einer „un=
beschreiblichen Sehnsucht" erfaßt, auch bei ihm zeigt
sich eine Art räumlicher Doppelheit seiner Natur,
sein „Geist" erscheint in Käthchens Kammer, während
er gleichzeitig scheintot auf seinem Schlosse zu Strahl
liegt. Hatte Schubert das Motiv des Scheintodes
und der durch ihn bewirkten Heilung hergegeben, so
konnte Kleist bei Stilling oder in ähnlichen Schriften
die mit dem Scheintode verbundene gleichzeitige Er=
scheinung an einem anderen Orte entnehmen.

Zuletzt erübrigt uns noch, auf einen Faktor hin=
zuweisen, der neben der besprochenen Vorliebe für
das Seltsame dem Dichter die Verwendung des
Somnambulismus nahe legte, — seine Auffassung
von der Stellung der Frau. Diese ist ihm dem
Manne gegenüber ein Wesen untergeordneter Gat=
tung. Ihre einzige Bestimmung ist die: „Mutter
zu werden, und der Erde tugendhafte Menschen zu
erziehen" (Biedermann S. 85), ihre ganze Auf=
klärung: „vernünftig über die Bestimmungen ihres

irdischen Lebens nachdenken zu können" (a. a. O. S. 79). Vollends in der Liebe ist Kleist ein egoistischer Tyrann. „Vertraue Dich mir ganz an!" schreibt er an seine Braut Wilhelmine von Zenge (S. 26). „Setze Dein ganzes Glück auf meine Redlichkeit! Denke, Du wärest in das Schiff meines Glückes gestiegen mit allen Deinen Hoffnungen, Wünschen und Aussichten. Du bist schwach, mit Stürmen und Wellen kannst Du nicht kämpfen, darum vertraue Dich mir an, mir, der mit Weisheit die Bahn der Fahrt entworfen hat, der die Gestirne des Himmels zu seinen Führern zu wählen, und das Steuer des Schiffes mit starkem Arm, mit stärkerem gewiß, als Du glaubst, zu lenken weiß!" Aber Kleist will nicht nur der Steuermann sein, der die äußeren Schicksale der Geliebten lenkt, er will sie auch ganz und gar nach seinem Sinne erziehen. „Wäre ein Mädchen auch noch so vollkommen, ist sie fertig, so ist es nichts für mich. Ich selbst muß es mir formen und ausbilden" (S. 57).

Daß Kleists Anschauungen auch in seinen Dich=tungen hervortreten, ist selbstverständlich. Schon in den Schroffensteinern stellt Ottokar=Kleist an seine Geliebte die Forderung:

Willst du's? — — — Mit mir leben?
Fest an mir halten? Dem Gespenst des Mißtrauns
Das wieder vor mir treten könnte, kühn
Entgegenschreiten? Unabänderlich,
Und wäre der Verdacht auch noch so groß,

> Dem Vater nicht, der Mutter nicht so traun,
> Als mir?

Alkmene, das Muster weiblicher Treue, „vor deren Seele nur stets des Ein und Einz'gen Züge steh'n", nennt Brahm eine „Vorstudie zum Käthchen" (S. 150). Nur in der Penthesilea hat der Dichter andere Wege betreten, — dafür will er nun im Käthchen „die Kehrseite der Penthesilea, ihren anderen Pol" schildern, „ein Wesen, das ebenso mächtig ist durch Hingebung, als jene durch Handeln". Ist Penthesilea dem Untergange geweiht, weil sie die dem Weibe zugemessenen Schranken übertreten hat, so wird das Käthchen von Heilbronn für seine willenlose Hingebung, für seine opferfreudige, unwandelbare Treue belohnt mit einer plötzlichen Wendung seines Schicksals, wie etwa die Griseldis des Volksbuches, oder das Schneewittchen des deutschen Märchens[1]), das an seiner Stiefmutter eine ebenso böse Feindin hat, wie Käthchen an Kunigunde. In der Ballade vom Grafen Walter hatte Kleist ein solches Wesen kennen gelernt, dessen Treue aus allen, auch den schwersten Prüfungen rein hervorgeht, wie lauteres Gold. Aber das ge-

---

[1]) Die Volksbücher konnten Kleist damals durch die 1807 erschienene begeisterte Schrift von Görres, „Die teutschen Volksbücher", nahegelegt worden sein. Für das Märchenhafte verweist S. Rahmer (Das Kleist=Problem. Berlin 1903) auf ein Flugblatt, das Kleist auf einem Jahrmarkt gekauft hatte, und dessen Böttiger in der Dresdner Abend=zeitung vom 15. Dezember 1819 erwähnt.

nügte einem Dichter wie Kleist nicht. Eine außer=
gewöhnliche Neigung sollte auch außergewöhnlich
motiviert werden. Da erschloß sich ihm nun im
Somnambulismus jene rätselhafte Macht, die im
stande ist, den Menschen seines Willens zu entäußern
und ihn dem Willen eines anderen vollkommen ge=
fügig zu machen. Hier hatte er, was er brauchte,
und mit der Kühnheit des poetischen Psychologen
griff er zu. Aus der rauhen Wirklichkeit, wo seine
Ansichten so viel Widerspruch begegneten, zog er sich
zurück in jene noch unerforschten Regionen, in denen
seine Träume Wahrheit zu werden versprachen, aus
der Gegenwart floh er in jene damals so gepriesenen
Zeiten, da man noch mit Kinderaugen in die Welt
schaute und in naiver Empfänglichkeit allerorten das
Walten übernatürlicher Mächte erblickte. Beidemal
folgte er der Strömung der Zeit, wie wir uns ja
überzeugen konnten, daß das Stück aus der Zeit
und den Anschauungen des Dichters hervorgegangen
ist. Aber Kleist gehörte nicht zu jenen kleinen Geistern,
die ohne Rest in ihrer Zeit aufgehn. Wenn wir
sein Käthchen mit den Vorbildern vergleichen, so
merken wir, wie viel aus dem eigenen Innern des
Dichters hinzugekommen ist, um diese trotz der ver=
schiedenen Vorbilder so einheitliche Gestalt ins Leben
zu rufen.

Wir erinnern uns an Prometheus, den edelsten
und unglücklichsten aller Himmelsstürmer, wenn wir
Kleist dem Größten unseres Volkes den Lorbeer

streitig machen sehen. Und wie jener trotzige Titane kühn Menschen formte nach seinem Bilde, so hat Kleist der deutschen Bühne in seinem Käthchen eine ganz eigenartige Gestalt geschaffen, — nach seinen schönsten Träumen.

Der Prinz von Homburg

In der Berliner Kunstausstellung des Jahres 1800 befand sich unter anderen ein aufsehenerregendes Bild des Braunschweiger Malers Kretschmar, „Der Große Kurfürst und der Prinz von Homburg" betitelt. Dieses Bild ist heute verschollen, obgleich es der König angekauft hat. Wir besitzen nur eine Beschreibung des Gemäldes im Katalog der königlichen Akademie vom Jahre 1800, die sich ziemlich eng an die bekannte Legende in den Memoiren Friedrichs des Zweiten anschließt und der wir folgendes entnehmen: „Die Verwüstungen der Schweden in der Mark riefen den Großen Kurfürsten vom Rheine, wo er gegen die Franzosen focht, schnell seinen Erbstaaten zu Hilfe. Unerwartet plötzlich erschien er, eroberte Rathenau und lieferte die entscheidende Schlacht bei Fehrbellin (19. Jänner 1673), in welcher sein ganzes Heer aus Reitern bestand, deren Avantgarde der feurige, unternehmende Prinz von Hessen-Homburg führte. Ohnerachtet des strengsten Befehles, sich in nichts Entscheidendes einzulassen, hatte ihn sein Feuer hingerissen. Friedrich Wilhelm rettete den Sieg und das Vaterland. Nach der Schlacht waren die Feldherren um den Kurfürsten versammelt, schüchtern stand der Prinz von ferne.

Der Kurfürst rief ihn zu sich und sagte: „Wenn ich nach der Strenge der Kriegsgesetze mit Ihnen verfahren wollte, so hätten Sie das Leben verwirkt; allein Gott behüte mich, daß ich einen so schönen Tag mit dem Blute eines Prinzen beflecken wollte, der eines der vornehmsten Werkzeuge meines Sieges geworden ist.‘“ (Vgl. Duschinsky, Über die Quellen von Kleists Prinzen von Homburg. Zeitschrift f. d. österr. Gymnasien, 52. Jahrg., S. 209.)

Kleist weilte zu Ende dieses Jahres in Berlin. Wir wissen nicht, ob er dieses Bild gesehen hat. Aber wir werden wohl annehmen dürfen, daß er, der damals die Berliner Theater und Panoramen fleißig besuchte, und der uns bei anderen Gelegenheiten als eifriger Galeriebesucher bekannt ist, auch an der Kunstausstellung nicht achtlos vorübergegangen sein wird. Und da mußte ihn gerade dieses Bild zu sinnender Betrachtung fesseln.

Kleist hatte durch seine Würzburger Reise eine ungeheure Bereicherung seines Innenlebens erfahren. Kräfte, die bisher regungslos geschlummert hatten, wurden in ihm frei, und er arbeitete förmlich systematisch darauf hin, sie zu hegen und alles, was ihm in den Weg kam, mit Beziehung auf sein Leben und seinen Lebenszweck zu betrachten, wie er ja auch an seine Braut die Forderung stellte, aus jedem noch so geringfügigen Ereignis ihres alltäglichen Lebens „moralische Revenüen“ zu ziehen. Er stand damals an einem wichtigen Wendepunkte seines Lebens.

Sollte er doch eine Stellung finden, die ihn und seine zukünftige Familie ernährte. Vor zwei Jahren hatte er den Beruf, der ihm durch die Tradition seiner Familie zugewiesen war, als ein unerträgliches Joch abgeschüttelt. Aber was sich ihm an seiner Stelle bot, vermochte ihn nicht zu befriedigen. Alles gärte in ihm. Pläne und Gegenpläne wirbelten ihm durch den Kopf, aber keiner hatte die Kraft, sich an der Oberfläche zu halten. Er schloß sich nach berühmtem Muster tagelang in sein Zimmer ein, doch als er es verließ, war er mit sich ebensowenig im reinen als vorher. Klar war ihm nur, daß er „seltene Fähigkeiten“ besaß, aber er wußte noch nicht, wohin sie ihn führen würden. Klar war ihm ferner, daß weder der Dienst, den er vor kurzem erst provisorisch angetreten hatte, noch irgend ein anderer Beruf, den er hätte ergreifen können, für ihn paßte. Aus dieser Stimmung heraus schreibt er seiner Schwester das stolze Wort: „Wenn der König meiner nicht bedarf, so bedarf ich seiner noch weit weniger. Denn mir möchte es nicht schwer werden, einen andern König zu finden, ihm aber, sich andere Untertanen aufzusuchen.“ Wie weit ist dieses köstliche Selbstbewußtsein entfernt von der entsagungsvollen Disziplin des Soldatenberufs! Aber gerade jetzt warf diese dunkle Zeit des Kasernen= und Kriegerlebens zum ersten Male ihre Schatten auf den Weg, den der junge Kleist zu beschreiten im Begriffe war. Mitten unter den spitzfindigen Theoremen, mit denen er seinen Entschluß, kein Amt zu nehmen, Braut und Schwester begreiflich zu machen sucht, finden wir ein Wörtlein, das uns eine greifbare Empfindung, hervorgerufen durch die Berührung mit der Wirklichkeit, verrät. Kleist findet das preußische Kommerzsystem, dem er nun als Volontär angehört, „sehr militärisch", und zweifelt daher, daß es an ihm einen eifrigen Unterstützer finden werde. Das ist also — und für uns ist dies hier von besonderer Wichtigkeit — mit ein Hauptgrund, der Kleist nicht zugreifen läßt, wo sich ihm eine sonst nicht zu verachtende Stellung bietet. „Ich habe mich durchaus daran gewöhnt, eigenen Zwecken zu folgen, und dagegen von der Befolgung fremder Zwecke ganz und gar entwöhnt," schreibt er der Schwester etwa ein Vierteljahr später. „Ich hatte zum ersten Male in zwei Jahren wieder einen Oberen vor mir, und ... ich erinnerte mich mit Freuden, daß ich noch frei war." Er fühlte also, daß er auf dem Wege war, sich unter denselben äußeren Zwang zu stellen, von dem er sich nach langen Seelenkämpfen unlängst erst befreit hatte.

In solch reflektierender Gemütsverfassung mochte der Verächter aller Disziplin, die für ihn nichts anderes als die Aufhebung der Souveränität des Ichs bedeutete, vor dem Bilde Kretschmars gestanden haben. Es braucht nicht erst betont zu werden, daß sich seine ganze Sympathie der Gestalt des Prinzen zuwandte. Stand da nicht ein leibhaftiges Stück

eigener Vergangenheit vor ihm, jener Vergangenheit, die er gerade jetzt oft und oft in seiner Erinnerung aufs neue durchlebte? Was hatte dieser sieg-
gekrönte Prinz verbrochen? Er war der „Ordre des
Herzens" gefolgt. Wie gut vermochte Kleist, der
„ungedämpfte Feuergeist", wie ihn sein ehemaliger
Lehrer Martini nannte, eine solche Handlung zu be-
greifen, er, der, als ihn am Rhein die französischen
Kugeln umschwirrten, oft vielleicht allen Befehlen
zum Trotz, gern fröhlich dreingeschlagen hätte, —
wäre nur sein Wirkungskreis ein größerer gewesen.
Und nun war dem Prinzen sein Herz sein Schicksal
geworden. Wie oft läßt Kleist eben diese Klage
in seinen Briefen und Dichtungen ertönen! Oder
was könnte noch der Grund zu dieser Nichtachtung
des kurfürstlichen Befehles gewesen sein? forscht der
junge Grübler weiter, der gerade in diesen Tagen
an sich „eine traurige Klarheit" entdeckt hat, die ihm
„zu jeder Miene den Gedanken, zu jedem Worte
den Sinn, zu jeder Handlung den Grund" nennt.
Vielleicht hatte der Prinz den Befehl überhört. Eigene
Erlebnisse ziehen an seinem Geiste vorbei. Kannte
er sie doch nur zu wohl, jene unselige Zerstreutheit,
die sich mit der eisernen Strenge des Dienstes nicht
vereinen läßt, und die ihm während seiner Militär-
zeit gewiß manchen unangenehmen Augenblick bereitet
hatte. Und nun der Große Kurfürst! War er nicht
geradezu die Verkörperung jenes Prinzips, das ihn
aus dem Soldatenstande getrieben, des ewigen Kon-

fliktes zwischen Offizier und Mensch? Wie drückend
hatte er es (nach seinem eigenen Bekenntnis) emp=
funden, wenn er strafen mußte, wo er gern ver=
ziehen hätte, oder wenn er verzieh, wo er hätte
strafen sollen. Er konnte am besten ermessen, wie
nahe der Prinz dem Abgrunde stand, — um eines
Fehlers willen, der in seinen Augen kein Fehler
war. Und wenn es ihn trieb, in der Miene des
Prinzen, in dem er ein gutes Stück seiner selbst
sah, dessen Gedanken zu lesen, dann mußte er sich
sagen, daß auch der Prinz nicht anders gedacht haben
konnte als er selbst. Wie nun aber, wenn der
Herrscher gestraft hätte, wo er verzeihen sollte, wenn
er das Todesurteil wirklich ausgesprochen hätte, das
laut den Kriegsgesetzen auf diesen Fall gesetzt ist?
Würde sich da das „Ungleichartige" des Soldaten=
standes — wie Kleist es nennt — nicht am krassesten
offenbaren? Und selbst wenn er schließlich verziehe
— war er ja doch kein Brutus —, wie viel Qualen,
wie viel Seelenpein mußte der Prinz von Homburg
dank diesem dem Soldatenberuf innerlich anhaftenden
Gegensatze leiden dafür, daß er durch seine impulsive
Natur dem Fürsten zum Siege verholfen.

Vielleicht waren diese letzten Gedanken durch
Kleists Hirn gezuckt. Das wäre bei ihm nichts Be=
fremdendes. Kennen wir doch aus der Entstehungs=
geschichte des „Zerbrochenen Kruges" den Fall, daß
aus der bloßen Betrachtung eines Bildes eine seiner
schönsten Dichtungen herausreifte. Und wie er dort

mit genialer Intuition, über die malerische Dar=
stellung hinausgehend, den Punkt erfaßte, der den
einzig wirksamen dramatischen Konflikt bietet, so
mochte er auch hier, gestützt auf eigene trübe Er=
fahrungen, im Geiste etwas hinzutun, woran der
gewöhnliche Betrachter nicht im entferntesten dachte.
Doch mag dem so sein oder nicht, es verschlägt nicht
viel. Denn nicht mit dichterischen Absichten, wie
beim Zerbrochenen Krug, hatte Kleist das Bild be=
trachtet. Und es war noch ein langer Weg, reich
an äußeren und inneren Erlebnissen, der von diesem
Keim bis zur seelisch aufs feinste zergliederten Ge=
stalt in Kleists Drama, und von dem Stürmer und
Dränger Kleist von damals zu dem Propheten und
Herold militärischer Disziplin führte.

*   *
*

Schon im Frühjahr 1801 verließ Kleist die
preußische Hauptstadt und begab sich in Begleitung
seiner Schwester Ulrike nach Paris. Während dieser
Reise ereignete sich etwas, was für die spätere Kon=
zeption des „Prinzen von Homburg" von Bedeutung
werden konnte, jener Sturm auf dem Rheine, der
die Reisenden in Lebensgefahr brachte, und von dem
wir an anderer Stelle schon gehört haben. Noch
im sicheren Hafen von Paris steht dieses Begebnis
mit der Lebhaftigkeit des eben erst Erlebten vor
Kleists Augen und weckt in ihm eine Flut von Re=
flexionen. „Ach, es ist nichts ekelhafter als die

Furcht vor dem Tode. Das Leben ist das einzige Eigentum, das nur dann etwas wert ist, wenn wir es nicht achten. Verächtlich ist es, wenn wir es nicht leicht fallen lassen können, und nur der kann es zu großen Zwecken nutzen, der es leicht und freudig wegwerfen könnte. Wer es mit Sorgfalt liebt, moralisch tot ist er schon, denn seine höchste Lebenskraft, nämlich es opfern zu können, modert, indessen er es pflegt. Und doch — o wie unbegreiflich ist der Wille, der über uns waltet! — Dieses rätselhafte Ding, das wir besitzen, wir wissen nicht von wem, das uns fortführt, wir wissen nicht wohin, das unser Eigentum ist, wir wissen nicht, ob wir darüber schalten dürfen, eine Habe, die nichts wert ist, wenn sie uns etwas wert ist, ein Ding wie ein Widerspruch, flach und tief, öde und reich, würdig und verächtlich, vieldeutig und unergründlich, ein Ding, das jeder wegwerfen möchte wie ein unverständliches Buch, sind wir nicht durch ein Naturgesetz gezwungen, es zu lieben? Wir müssen vor der Vernichtung beben, die doch nicht so qualvoll sein kann als das Dasein, und indessen mancher das traurige Geschenk seines Lebens beweint, muß er es durch Essen und Trinken ernähren und die Flamme vor dem Erlöschen hüten, die ihn weder erleuchtet noch erwärmt" (Biedermann S. 202 f.).

In solch finsteren Betrachtungen ergeht sich der Dichter, der später in der Gestalt des Prinzen von Homburg diesen Konflikt zwischen dem Naturgesetz, das uns zwingt, das Leben zu lieben, und dem ethischen Gesetz, das dem Leben erst Wert verleiht, wenn wir bereit sind, es großen Zwecken freudig zu opfern, dramatisch verkörpert hat. Wir haben früher gesehen, daß dieses Reiseerlebnis auf den „Robert Guiskard" nicht ohne Einfluß gewesen sein dürfte, und wir können seine Spur auch in späteren Dichtungen Kleists verfolgen. Liebte doch Kleist, dessen Leben selbst eine Kette jäh wechselnder Stimmungen war, plötzliche Stimmungswechsel auch in seinen Dichtungen, und konnte es einen wirksameren geben, als den vom sicheren Tode zu neuem Leben? Ihn hat er wohl schon in Königsberg in dem markigen Eingang der Novelle „Jeronimo und Josephe" (später „Das Erdbeben in Chili" betitelt) verwertet. Jeronimo beschließt dort, sich im Gefängnis zu erhenken. Schon befestigt er den Strick an einen Pfeiler, als plötzlich alles um ihn krachend einstürzt, und er hält sich krampfhaft an eben jenen Pfeiler, an dem er hatte sterben wollen, um nicht umzufallen, wie Kleist damals auf dem Rheinschiff einen Halt suchend sich an einen Balken klammert. So wird wohl auch das verwandte Homburgproblem auf dieses persönliche Erlebnis zurückzuführen sein, doch erst später. Vorläufig hält den Dichter der Guiskard in seinem Bann und treibt ihn rastlos durch die Welt. Und als er dann nach langer Irrfahrt in Königsberg ein stilles Asyl gefunden, da ringt er wohl mit seiner Vergangenheit, aber nur mit der allerjüngsten, die in der Penthesilea ihren dichterischen Ausdruck gefunden. Erst als er sich durch diese Dichtung innerlich befreit, wird sein Blick in frühere Tage frei. Nur in der Einsamkeit des Fort Joux, wohin er als Kriegsgefangener gebracht worden war, und von wo aus er in Briefen an seine Schwester leidenschaftlich seine Unschuld beteuert, mag die Gestalt des Prinzen vor ihm aufgetaucht sein, wie er in der Einsamkeit seiner Zelle nicht an das Unrecht glauben mag, das ihm nach seiner Ansicht widerfahren ist. Aber die leuchtende Gestalt der Amazonenkönigin drängte dann wohl dieses Bild sogleich in den Hintergrund.

Erst in Dresden hat Kleist sich ganz wiedergefunden. Hier gerät er in einen Kreis von Freunden, die ihn aufrichtig schätzen, hier verkehrt er in den vornehmsten Häusern und genießt die Freuden edler Geselligkeit nach Jahren selbstgewählten und unfreiwilligen Alleinseins, hier wärmt ihn der Beifall freundlich teilnehmender Menschen, hier endlich strahlt ihm die Sonne einer aufkeimenden Liebesneigung, die, wie es scheint, nicht ohne Erwiderung geblieben ist. „Es erfüllt sich mir alles ohne Ausnahme, worauf ich gehofft habe," ruft er freudig aus, geschwellt von neuem Schaffensdrang. Und hier, mitten in der Fülle neuer Pläne und Entwürfe, wird auch die Gestalt des Prinzen von Homburg zum ersten Male dichterisches Interesse für ihn gewonnen haben. Aber das ist nicht mehr der Prinz von Homburg des Kretschmarschen Bildes oder der Mémoires de Brandenbourg, der sich ihm nun zu plastischem Leben formte. Vor allem ragt die Gestalt eines Weibes herein, eines Weibes, das vielleicht die Züge seiner geliebten Julie trug. Persönliche Erlebnisse spielen hier wieder eine Rolle. Kleist berichtet von einer Soiree im Hause des österreichischen Gesandten Baron Buol, in der sein „Zerbrochener Krug" vorgelesen ward und die „zwei niedlichsten kleinen Hände, die in Dresden sind", ihn mit dem Lorbeer krönten. Auch die Handschuhepisode in Kleists Drama mag teilweise auf ein solches persönliches Erlebnis zurückgreifen. Und wie der Dichter nun neben dem Ideal des Dichterruhms das der Liebe vor sich aufsteigen sieht, so läßt er auch dem ehrgeizigen Prinzen, der so viel von seinen eigenen Zügen erhält, ein liebendes Weib zur Seite stehen, das ihn zum Schluß mit dem Kranze lohnt. Der Gedanke an die Schluß= und somit auch an die parallele Eingangsszene seines Stückes wird also damals schon festere Gestalt angenommen haben. Durch das Hereinziehen der Prinzessin ergaben sich aber auch Analogien mit dem „Guiskard", den Kleist nun endgültig abgetan hatte, und aus dem er wohl in andere Stücke herübernahm, was ihm verwendbar schien. Die Braut, die zwischen dem geliebten Bräutigam und dem verehrten Oheim steht, dieser totgesagte Oheim selbst, der plötzlich auf der Bühne erscheint und über den unbotmäßigen Jüngling strenges Gericht hält, das alles waren Motive, die in ähnlicher Weise auch im Guiskard waren an=

geschlagen worden, und so manches andere Motiv
aus dem weiteren Verlauf des Guiskard mochte
der Dichter nun hier verwerten, als er dem rohen
Stoffe dramatisches Leben einzuhauchen begann.

Eine gewaltige Wandlung sollte auch die Gestalt
des Prinzen selbst durchmachen. Kleist hatte hier in
Dresden durch seinen Freund Gotthilf Heinrich
Schubert eine neue Welt kennen gelernt, — die Welt
des Okkultismus. In den Vorlesungen dieses Natur=
philosophen hatte er gewaltige Anregungen emp=
fangen, im persönlichen Verkehr mit ihm bereicherte
er sein Wissen mit der ihm eigenen fieberhaften
Leidenschaftlichkeit. Auch auf die Literatur dieses
ihn überaus interessierenden Gebietes wird er sich
gewiß mit dem Eifer seiner Frankfurter Studenten=
jahre geworfen haben. Da lernte er vielleicht durch
Schubert ein Werk kennen, das damals großes Auf=
sehen erregte, die 1803 erschienenen „Rhapsodien über
die Anwendung der psychischen Kurmethode auf
Geisteszerrüttungen" des berühmten Hallenser Pro=
fessors Johann Christian Reil. Schubert hatte selbst
aus diesem Buche geschöpft, und so konnte Kleist
darin gar manches, was er aus Schuberts Vorträgen
über Somnambulismus, Schlafreden, Nachtwan=
deln u. a. kennen gelernt hatte, mit Muße überlesen.
Hier fand er die Bemerkung, daß im Nachtwandler
die Sinne einzeln wirken; sein Ohr sei taub, sein
Auge blind, aber sein Gefühl so scharf, daß er durch das=
selbe genauer als ein Wachender unterscheide (S. 79).

Daß die Nachtwandler sich meist außer dem Anfall dessen nicht bewußt seien, was in demselben mit ihnen vorgegangen sei, sich aber der Begebenheiten der vorigen Anfälle im folgenden erinnern (S. 81 f.) und manches ähnliche. Und wie aus der schwärmerisch hingebenden Maid der Bürgerschen Ballade unter dem Einflusse dieser Studien das somnambule Käthchen entsteht, so wird aus dem zerstreuten Prinzen — denn Zerstreute und Träumer sind in jener Zeit alle Gestalten, denen der Dichter den Stempel seines Wesens aufgedrückt hat, — ein Nachtwandler. So trägt Kleists Prinz von Homburg deutlich die Signatur des Dresdner Aufenthalts.

Gerade über die Zerstreutheit fand Kleist wichtige Aufschlüsse in Reils Schrift. Reil behandelt nämlich „die Zerstreuung und die Vertiefung" als „Krankheiten der Seele", als „Anomalien der Besonnenheit und Aufmerksamkeit". Er bezeichnet also den Zustand, den Kleist an sich selbst sehr wohl kannte, und der seinen Prinzen von Homburg ganz besonders charakterisiert, als Vertiefung und definiert diese Vertiefung als einen „einstweiligen Zustand, der durch ein so festes Anheften aller Seelenkraft auf einen Gegenstand entsteht, daß außer demselben weder Sinneseindrücke noch Erinnerungen unserer Pflichtverhältnisse zum klaren Bewußtsein gelangen" (S. 108). Erinnerungen unserer Pflichtverhältnisse — hier war Kleist auf einer Fährte. Hier hatte er ein aus dem Charakter seines Helden fließendes Motiv für dessen

Pflichtverletzung. Der Prinz mußte durch das An=
heften aller Seelenkraft auf einen Gegenstand so ab=
gelenkt werden, daß er im kritischen Moment nicht
hört, was er hören soll, und seines Pflichtverhältnisses
auf einen Augenblick vergißt. Die Ablenkung ge=
schieht durch den Handschuh der Prinzessin — wobei,
wie erwähnt, vielleicht Selbsterlebtes im Spiele
ist —, und der Keim für die Paroleszene war ge=
geben.

Reil schlägt aber auch Mittel und Wege vor, wie
diese Seelenkrankheit zu heilen sei. Zweierlei beab=
sichtige eine solche psychische Kur. „Teils soll sie die
Besonnenheit des Kranken wecken, teils denselben
zum Gehorsam nötigen. Beides erreichen wir, mit
geringen Modifikationen, meistens durch einerlei Mittel
und auf dem nämlichen Wege. Durch starke und
schmerzhafte Eindrücke erzwingen wir des Kranken
Aufmerksamkeit, gewöhnen ihn an unbedingten Ge=
horsam und prägen seinem Herzen das Gefühl der
Notwendigkeit unauslöschlich ein. Der Wille seiner
Vorgesetzten muß ein so festes und unabänderliches
Gesetz für ihn sein, daß es ihm ebensowenig ein=
fällt, sich demselben zu widersetzen, als wider die
Elemente zu kämpfen.... Durch Gehorsam und Be=
sonnenheit muß der Kranke erst empfänglich für alle
künftige Operationen gemacht werden. Sie sind also
gleichsam die Grundlage des gesamten Heilgeschäfts"
(S. 223). Reil empfiehlt, solche Kranke zu isolieren,
ihnen alle Verbindung mit ihren Bekannten abzu=

schneiden, und schlägt vor, recht augenfällige Mittel zu
wählen, wobei er den Mitteln, „die Furcht machen",
als am schnellsten zum Ziele führend, den Vorzug gibt.
„Selbst solche Kranke, die durch Güte gezogen werden
müssen, fordern in dieser Periode eine ernsthafte
Behandlung, um ihnen Achtung für ihre Vorgesetzte
einzuflößen. Sie ähneln den Kindern, die es ver=
suchen, ihren Willen durchzusetzen, aber bald ein=
lenken, wenn ihrem Vorsatze ein schmerzhaftes Hinder=
nis in den Weg gestellt wird" (S. 224). Ja ein
solches Hindernis könne „auf der Stelle jeden Vorsatz
zur Widerspenstigkeit vernichten".

Hier hatte Kleist, was er brauchte. Die dem
Großen Kurfürsten zugeschriebene Äußerung, wie sie
der Dichter aus Friedrichs Darstellung kannte und wie
sie Kretschmar im Bilde verkörpert hatte, bot ihm keinen
dramatischen Konflikt. Denn in dem von ferne an=
gedeuteten Konflikt zwischen Gesetz und Menschlichkeit
hatte ja der Kurfürst bereits für diese entschieden.
Doch die Möglichkeit eines solchen Konflikts konnte
Kleist schon damals, vielleicht nur für einen flüchtigen
Augenblick, bedacht haben. Gleichviel übrigens, — hier
bei Reil mußte er mit Sicherheit darauf geführt werden,
ja mehr als das, hier fand er den Weg vorgezeichnet,
den er zu gehen hatte. Der Prinz mußte in Haft
gehalten, mußte dort durch ein starkes, furchterregen=
des Mittel von seiner Widerspenstigkeit „auf der
Stelle" geheilt werden. Auch für die Wahl dieses
Mittels, die sich übrigens aus den Worten des Kur=

fürsten ganz von selbst ergibt, konnte außerdem noch
Reil maßgebend gewesen sein, der in einem eigenen
Abschnitte (S. 356 ff.) von der „Todesfurcht" handelt.
Die Gestalt des Kurfürsten tritt nun mehr in den
Vordergrund. Er spricht das Todesurteil aus, aller=
dings nicht um zu strafen, sondern um zu „heilen".
Der Große Kurfürst als Erzieher!

Etwas war nun freilich unbedingt nötig, dem
Dichter den Stoff von dieser Seite interessant zu
machen. Kleist mußte den Prinzen als heilungs=
bedürftig ansehen und dem Kurfürsten die Berechti=
gung einer solchen Heilmethode zuerkennen. Ein Um=
schwung in seinen Anschauungen mußte eingetreten
sein, er mußte ein anderer geworden sein, als er
damals in Berlin war. Und er war ein anderer
geworden. Die schwere Not der Zeit, die an die
Herzen der Patrioten pochte, sie hatte auch in seinem
Herzen Einkehr gehalten.

Schon in Königsberg machte unter dem Druck
der Ereignisse jener schroffe Individualismus der
Berliner Tage, der sich ganz und gar von der „Be=
folgung fremder Zwecke" entwöhnt hatte, einem all=
gemeinen Liebebedürfnis Platz, zu dem, wie Kleist
meinte, das Unglück die Menschen erziehe. Und
immer mehr und mehr wird Kleist in das Lager des
Altruismus hinübergedrängt, immer mehr knüpft er
sein Schicksal an die politischen Ereignisse, das Wohl
seines Ichs an das Wohl der Gesamtheit. Vollends
als Österreich zum Kriege gegen den Unterdrücker

rüstet, läßt es ihn nicht mehr in Dresden. Er muß sich „den Begebenheiten in die Arme werfen". Er findet, daß man sich mit seinem ganzen Gewicht in die Wage der Zeit werfen müsse, und wünscht sich eine Stimme von Erz, sie vom Harz herab den Deutschen abzusingen. Er will über Prag nach Wien. Und die Gestalt des Prinzen begleitet ihn auf seiner Reise. Wenn er in Prag in einem Aufsatze „Was gilt es in diesem Kriege?" die Frage stellt, ob es „den Ruhm eines jungen und unternehmenden Fürsten gelte, der in dem Duft einer lieblichen Sommernacht von Lorbeeren geträumt hat", dann sehen wir, daß der Rahmen seiner Dichtung ihm klar vor Augen steht. Noch nicht so klar vielleicht das übrige. Erst die unglückliche Schlacht bei Wagram schafft ihm selbst innere Klarheit. Noch nie sei er so erschüttert gewesen wie jetzt, schreibt er der Schwester. „Nicht sowohl über die Zeit, als darüber, daß ich bestimmt war, es zu überleben." Nun erst kam Kleist, belehrt durch die traurige Wirklichkeit, dazu, in der Disziplin das stärkste Bollwerk jedes Staates zu sehen. Nun erst wird ihm wohl auch das rein menschliche — wenn man will auch pathologische — Problem des „Prinzen von Homburg" zu einem ethischen Problem, nun sieht er erst die Lösung des Konfliktes in der Weise, wie wir sie im Drama vorfinden, nun wird ihm dieser Vorwurf, der aus ganz anderen Gründen sein Interesse geweckt hatte, zu einem Hohenlied der Disziplin. Jetzt erst drängt es ihn, niederzuschreiben, was er die Jahre über unklar mit sich herumgetragen hatte, und so überrascht er denn, nach Berlin zurückgekehrt, seine Freunde mit seinem reifsten Werk. —

So spiegeln sich in Kleists „Prinzen von Homburg" Jahre seines Lebens mit ihren äußeren und inneren Eindrücken, mit ihrem Stimmungswechsel, ihren Wandlungen wieder. Auch die letzte Wandlung im Gemüte des Prinzen sollte Kleist an sich selbst erleben. Der dem Problem des Willens zum Leben das kühnste dichterische Denkmal gesetzt, ging wenige Monate später freiwillig in den Tod mit jener Heiterkeit und Seelenruhe, mit der der Prinz nach schwerer Prüfung in den Tod zu gehen bereit war. Ihm aber war nicht jene plötzliche Wendung des Schicksals beschert, die uns in seinem „Prinzen von Homburg" an Käthchens Märchenglück gemahnt. Und so nahm er sich selbst, was das Leben ihm versagte, — stillen, kampflosen Frieden.